LE
CHEVALIER ROZE

OUVRAGES DU MÊME AUTEUR

Un Félibre avant le Félibrige à la cour de la duchesse du Maine à Sceaux, Mouret (Jean-Joseph) d'Avignon, brochure in-18. . . . . 1 fr.

Le Chevalier Paul (lieutenant général des armées navales du Levant), 1598-1668. Préface de M. de Mahy, ancien Ministre de la Marine :
Édition non illustrée, 1 volume in-18 jésus. . . . 3 fr. 50
— illustrée, 1 volume in-18 jésus. . . . . . 5 fr. »

De l'Utilité des idiomes du Midi pour l'enseignement de la langue française (extrait du *Viro-Soulèu*), brochure in-8°. . . . . 1 fr. 50

Le Chevalier Roze (campagne d'Espagne, 1707, peste de Marseille, 1720). 1 vol. grand in-8°. Édit. illustrée 5 fr.

POUR PARAITRE PROCHAINEMENT

Histoire de la langue Romane et particulièrement du **Provençal** depuis les Troubadours jusqu'aux Félibres, suivie de notes sur le caractère, les mœurs, les usages, fêtes, jeux et coutumes des Provençaux. Un beau volume grand in-8°. . . . . 7 fr. 50

LE CHEVALIER ROZE

(d'après le portrait de J.-F. de Troy, fils)
gravé par S. Thomassin.

LES GLOIRES OUBLIÉES

LE
CHEVALIER ROZE

CAMPAGNE D'ESPAGNE, 1707

PESTE DE MARSEILLE, 1720

PAR

Henri ODDO

Illustrations par P. WAGNER-ROBIER

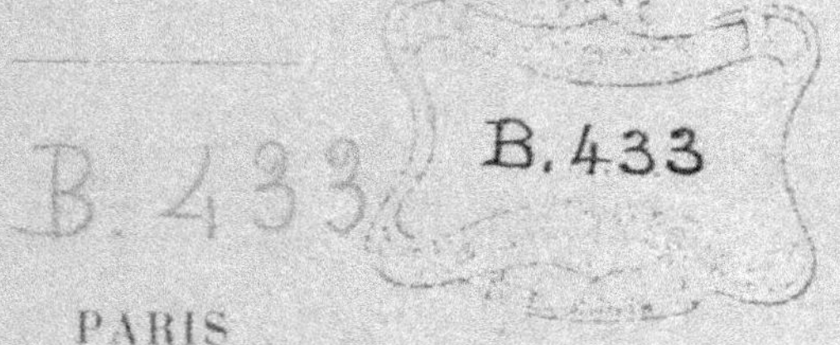

PARIS

LIBRAIRIE H. LE SOUDIER

174, BOULEVARD SAINT-GERMAIN, 174

1899

LE CHEVALIER ROZE

I

On s'est souvent demandé pourquoi, à une certaine époque de notre histoire, les commerçants étaient traités comme une classe à part ; pourquoi la Noblesse, le Clergé, l'Armée, les tenaient en une sorte de mésestime et les traitaient même publique-

ment avec un certain mépris. Préjugé d'un autre
temps, dira-t-on, où la société avait établi des barrières entre les diverses classes de la population ;
où l'on ne pouvait admettre dans un salon et, à
plus forte raison, dans une famille noble, quelqu'un
qui ne l'aurait pas été, sans déroger à son rang et
aux usages établis.

Ce qui paraît le plus vraisemblable, c'est que les
classes dites dirigeantes n'avaient pas vu sans un
certain dépit le luxe étalé par le haut commerce.
Dans sa vanité, évidemment froissée, la noblesse
put obtenir l'application des lois somptuaires, qui
devaient établir une démarcation bien déterminée
entre les différentes classes de la société. Mais ce
nouvel état de choses ne pouvait être que tempo-
raire. Les mœurs et les usages résultant d'une
situation plus riche et plus élevée peuvent être un
moment entravés, mais non, quoique l'on fasse,
disparaître complètement, parce que, naissant des
besoins de chacun, ils arrivent peu à peu à faire
partie du droit coutumier, basé sur l'intérêt de
tous.

Ceux qui ont essayé d'entraver le commerce,
en refusant de reconnaître à ceux qui l'exercent
les mérites qui leur assignaient une place mar-
quante dans la société, ont commis une faute d'abord.

une injustice ensuite. L'histoire du commerce du monde est pleine de faits tout à son honneur ; nous y retrouvons les preuves des services qu'il a rendus au pays ; ce sont là ses lettres de noblesse.

Les Jacques Cœur, les Marco Polo, les Cosme de Médicis n'étaient que de grands commerçants. Ils se sont montrés dans diverses circonstances au-dessus des grands capitaines. En payant, sur sa fortune, la rançon de la France, qui malheureusement n'a pas payé celle de son sauveur, le banquier spéculateur de Bourges, dont les flottes couvraient la mer et qui avait ses *changes*[1] partout, a fait au moins autant pour son pays que les capitaines de Charles VII et assurément plus que le roi lui-même. Ce furent deux commerçants : un Catalan, Roger de Flor, et un Génois, Doria, qui en Orient se montrèrent les derniers défenseurs de la chrétienté. Ce sont les armateurs de Marseille qui, en différentes circonstances, ont aidé le roi dans ses guerres maritimes, soit en lui prêtant le concours de leurs navires armés en course, soit en lui faisant don de magnifiques vaisseaux de guerre tout équipés.

Cette prévention contre le commerce et les com-

---

[1] Le papier commercial de Jacques Cœur se négociait dans tous les pays, tant son nom était répandu et grand son crédit.

merçants fut l'œuvre d'un parti qui craignait
l'amoindrissement de sa situation et l'abaisse-
ment d'un prestige qu'il avait seul possédé jusque-
là. Prestige qu'il devait d'ailleurs aux libéralités
royales, plus qu'à son mérite, et que son esprit
étroit et jaloux croyait pouvoir conserver comme un
monopole ; dernier reflet des mœurs d'une époque
où tout, grades, honneurs, richesses, émanait du
pouvoir royal et en indiquait bien l'esprit autori-
taire, le favoritisme ou le bon plaisir. Ce classement
arbitraire de la société devait disparaître comme
les autres abus, sous le niveau régulateur de la
grande Révolution française.

Cependant, on ne pouvait espérer de la haute
société, après qu'elle eut fait sentir son joug au
peuple pendant plusieurs siècles, qu'elle se fut habi-
tuée à traiter ses inférieurs sans préoccupation
d'équité, un changement subit et radical en faveur
de l'égalité des droits et des devoirs des citoyens les
uns envers les autres. C'est là l'œuvre du temps, plus
que des lois, et il n'y aurait rien à ajouter, si l'on ne
pensait pas que, depuis 1789, les mœurs à ce point
de vue ne se sont pas modifiées partout, comme
elles auraient dû l'être.

Il serait à souhaiter aujourd'hui que les classes
dites dirigeantes, qui ont hérité, dans notre démo-

cratie, de la situation de l'ancienne noblesse sous la royauté, fussent animées d'un esprit plus large, d'un jugement plus sûr et d'une appréciation plus juste envers le commerce et les commerçants. L'erreur actuelle d'une partie de la bourgeoisie oisive, surtout dans certaines villes de province, où l'on a conservé l'esprit de caste, est de considérer un commerçant ou un industriel comme un être inférieur. Inférieur à qui, à quoi ? Si vous le lui demandez, elle vous répondra que quiconque occupe une situation élevée dans la société, soit par le fait de son nom, par ses fonctions ou sa fortune, ne peut frayer et encore moins s'allier avec un commerçant. Tout en rendant hommage à son caractère de travailleur et aux services qu'il rend au pays, elle le cantonne à part, sinon avec mépris, du moins avec une indifférence qu'elle croit être la marque de sa supériorité.

Ce sont ces idées préconçues, fausses sous tous les régimes, mais néfastes dans une démocratie, qui ont arrêté l'élan commercial et industriel dans la France républicaine. C'est sous leur influence que s'est produit ce mouvement qui a poussé la jeunesse de notre pays vers les carrières libérales et l'administration. Les premières donnaient pleine satisfaction à l'esprit de routine et de vanité des

classes autrefois privilégiées qui y voyaient une
sorte de consécration de la supériorité qu'elles
s'accordent. La seconde, quoique d'un caractère
plus modeste, offrait la sécurité de la fonction, et,
pour la petite bourgeoisie, une vieillesse assurée
contre les besoins de l'existence, par une pension
de retraite octroyée par l'État.

Nous sommes aujourd'hui édifiés sur les résultats
de cette organisation sociale, et il serait temps pour
la bourgeoisie de revenir à des idées plus saines et
surtout plus pratiques. Nul n'ignore que les carrières libérales sont encombrées à tel point que
nous voyons des docteurs, des jeunes gens munis
de tous les diplômes possibles, à la recherche d'un
emploi quelconque qui leur permette de vivre.
Dans l'administration, même pléthore. Pour
arriver à contenter quelques personnalités mar-
quantes, on a admis un si grand nombre d'employés
que le travail n'est plus en rapport avec le chiffre
des fonctionnaires. De là une charge écrasante
pour les finances de l'État, qui devra, à un moment
donné, opérer une sage sélection dans son personnel, s'il veut éviter un accroissement constant
du chiffre des retraites. A cet état de choses, il n'y
a qu'un remède : encourager chez nos jeunes gens
l'esprit d'entreprises commerciales et industrielles,

diriger leurs études vers ce but, propager le plus possible l'enseignement des langues vivantes ; et cet ensemble de mesures sera l'un des meilleurs moyens de faire disparaître ces barrières morales, qui existent encore dans l'esprit d'une bourgeoisie prévenue, et qui divisent notre société au détriment de la considération de chacun et des intérêts de tous.

L'histoire nous apprend que les nations riches et puissantes ne sont arrivées à ce résultat que par leur commerce. De nos jours, il suffit de jeter un regard sur nos voisins pour se rendre compte de la supériorité qu'ils ont su obtenir sur nous, en se livrant au commerce et à l'industrie sous toutes les formes ; alors que, dédaignant cet instrument admirable, ou ne sachant pas nous en servir, nous poussions nos enfants vers les carrières libérales bientôt encombrées par le fonctionnarisme à outrance.

Là fut notre erreur ; mais, si nous savons la reconnaître, il nous faut dès aujourd'hui la réparer. Nul doute qu'avec notre esprit d'initiative, notre travail assidu, nos habitudes d'ordre et d'économie, nous ne puissions, en unissant toutes les forces vives de la nation, préparer un avenir qui fera la France riche et puissante.

A l'appui de cette opinion nous n'avons qu'à relire

l'histoire et, si l'on veut bien jeter un regard sur le passé, on constatera que le commerce a été l'un des moyens les plus puissants de progrès et de civilisation. C'est grâce à lui que, dans l'antiquité, où les communications étaient si difficiles et les livres si rares, les nations apprirent à se connaître et à s'estimer. Aussi peut-on dire que dans les grandes foires de Damas et de Bassora, qui duraient de trente à quarante jours, où les hommes les plus éclairés de l'Asie et de l'Europe se réunissaient, il s'échangeait autant d'idées que de marchandises. C'est par cette voie que sont parvenues en Europe les philosophies de la Perse et de l'Inde, dont le polythéisme grec a subi le premier l'influence.

Au point de vue économique, c'est à l'échange commercial que nous devons la division du travail. On peut en conclure que, si l'agriculture et l'industrie sont les deux grands facteurs de la production générale, leur rôle serait singulièrement réduit sans le concours du commerce qui met leurs produits à la portée du consommateur, quel que soit le pays qu'il habite. Si l'on admet que là est le fait fondamental de la vie sociale, on est amené à penser que toute entrave apportée à la liberté commerciale est un attentat à la vie d'une nation ; car le commerce jouant, dans notre organisme social, le même rôle que le sang dans l'organisme humain, le moindre arrêt chez l'un comme chez l'autre doit entraîner la mort[1].

Il appartenait à Marseille, concurrente de Tyr dans l'antiquité et patrie de *Pythéas* et d'*Euthymène*, non seulement de donner une sanction et plus d'importance à la juridiction des consulats à l'étranger, dont elle avait pris l'initiative vers 1250, mais encore de confier la défense de ses intérêts commerciaux à un conseil spécial, qui prit le nom de *Chambre de Commerce*.

Cette Chambre, dont la fondation remonte au 3 novembre 1650, se composait de douze membres choisis parmi les armateurs et les négociants les plus honorables, les plus actifs et les plus intelligents. Elle ne tarda pas à acquérir une importance telle que l'État, dont elle soutenait les intérêts, crut devoir lui prêter le concours de son autorité.

L'exemple donné par Marseille fut bientôt suivi par Dunkerque, Paris, Lyon et les villes les plus importantes du royaume. En 1791, l'Assemblée Nationale supprima les Chambres de Commerce ; elles furent rétablies sous le Consulat, en l'an XI.

[1] « Je suis bien persuadé avec vous que le pays où le Commerce est le plus libre sera toujours le plus riche et le plus florissant, proportion gardée » (Lettres à Roubaud, 1ᵉʳ juillet : 1769 Voltaire, *Louis XIV* : 29).

Depuis, elles subirent différentes modifications ; mais les services qu'elles ont rendus et qu'elles rendent encore au monde commercial en ont consacré l'utilité.

Par le fait même de sa situation, par la parfaite connaissance des marchés européens, orientaux et américains, la Chambre de Commerce de Marseille a toujours suivi la même ligne de conduite et ne s'est jamais écartée du programme qu'elle s'était tracé dès sa fondation. Véritable citadelle des droits commerciaux, elle s'est constamment inspirée des principes de la plus stricte loyauté dans les engagements et de la liberté la plus large dans les transactions. Sa devise pourrait être : *Honneur et libre échange.*

Le chevalier Roze, dont nous écrivons aujourd'hui l'histoire, était une des émanations les plus pures de ce commerce, qui a fait la richesse de la France et a largement contribué au rôle glorieux qu'elle a tenu dans l'histoire.

Nicolas Roze naquit à Marseille, le 15 février 1671. Il était le second fils de Firmin Roze et de Virginie Barthélemy. Il appartenait à une famille qui pratiquait le commerce depuis longtemps et jouissait d'une considération que sa fortune avait pu lui attirer, mais que sa probité avait rendue héréditaire. Après avoir terminé ses études et n'ayant encore aucune vocation arrêtée, il fut placé auprès de son frère Claude Roze, habile et honnête négociant, qui fit son éducation commerciale. Au bout de quelques années, il lui communiqua le projet qu'il avait conçu d'établir une succursale de sa maison en Espagne et de lui en confier la direction. La ville d'Alicante fut choisie comme la plus propre à ce dessein.

Le jeune Roze se rendit dans cette ville en 1696, et, malgré le peu de goût qu'il avait pour les affaires, il ne réussit pas moins à assurer à la succursale qu'il avait fondée un succès qui ne se démentit pas. Cependant le moment arriva où sa véritable vocation se fit jour ; il sentit qu'il y avait en lui l'étoffe d'un soldat. Le récit des batailles l'enthousiasmait, l'odeur de la poudre l'enivrait et la guerre de la Succession d'Espagne acheva de faire germer en lui les idées belliqueuses de son tempérament ardent. Il n'hésita plus ; il confia sa maison de commerce à un homme sûr et expérimenté, et entra dans la voie que la destinée lui traçait.

Avant de suivre le jeune Roze dans la nouvelle carrière qu'il avait choisie, il est indispensable de jeter un regard sur la situation qu'avait créée à la France et à l'Espagne l'avènement, au trône de cette dernière puissance, du petit-fils de Louis XIV.

Après le traité de Ryswick [1], qui avait ramené la France aux frontières de la paix de Nimègue et lui avait enlevé la Lorraine, Louis XIV s'était vu forcé de reconnaître Guillaume III, son ennemi personnel, quoiqu'il se fût déclaré ouvertement le protecteur des Stuarts. L'âge avait eu raison de toute l'énergie du grand roi, qui succombait sous le poids des revers et de la misère profonde de son peuple.

Déjà les races saxonne et germanique s'apprêtaient à dominer sur l'Italie, le Portugal, l'Espagne et, partant, sur l'Amérique espagnole et portugaise. La France isolée, appauvrie et démembrée, dans l'impuissance d'empêcher la marche audacieuse de ses ennemis, voyait recommencer plus violente, plus acharnée que jamais la lutte traditionnelle des races du Nord contre la race latine. Le dénouement fatal qui devait enchaîner le sort de cette dernière aux destinées de l'Allemagne était imminent, quand un événement inattendu vint changer la face des choses.

Sur les conseils du cardinal Porto-Carrero, le roi d'Espagne, Charles II brûla le testament qu'il avait fait en faveur du Prince Électeur de Bavière et signa celui que lui présenta son ministre Ubilla, en faveur du duc d'Anjou, petit-fils de Louis XIV.

---

[1] 1697.

Par ce testament, Charles II rendait à la famille
des Bourbon un prestige que ses dernières défaites
lui avaient fait perdre et un retour de splendeur
auquel elle était loin de s'attendre. La maison de
France recevait ainsi l'investiture de la monarchie
de l'Europe méridionale, le Milanais, Naples, la Sicile
et les bords de l'Océan depuis Anvers jusqu'aux
Colonnes d'Hercule ; en Amérique, un empire tel
que les descendants de saint Louis, s'appliquant le
mot de Charles-Quint, pouvaient dire que le soleil
ne se couchait plus dans leurs États.

Cependant ce ne fut pas sans hésitation que
Louis XIV accepta cet héritage pour son
petit-fils. Il voyait les nuages se reformer à l'horizon, les complications diplomatiques surgir de nouveau et la guerre, un moment écartée par la stupé-
faction dans laquelle furent plongées les puissances
ennemies par ce dernier acte de Charles II, prête
à reprendre avec plus d'intensité et d'acharnement.
Mais le sentiment national et l'honneur de la race
l'emportèrent sur les craintes du vieux monarque ;
après trois jours de réflexion, il présenta le duc
d'Anjou à sa cour, comme roi d'Espagne.

« Soyez bon Espagnol, dit-il à son petit-fils,
c'est maintenant votre premier devoir ; mais souve-
nez-vous que vous êtes né Français, pour entretenir

l'union entre les deux nations et conserver la paix de l'Europe. »

L'Angleterre, le Portugal, la Hollande et la Savoie reconnurent d'abord Philippe V comme roi d'Espagne. Mais cette attitude, prise dans le but de mieux cacher leurs desseins, ne devait durer que le temps nécessaire pour organiser un plan de campagne qui, rendant ces puissances maîtresses des États du nouveau roi, devait assurer à chacune d'elles les pays qu'elle convoitait. Il avait été convenu entre elles que l'Espagne, Milan, Naples et la Sicile reviendraient à la maison d'Autriche, les Indes occidentales à l'Angleterre. Elles s'engageaient en outre à ne pas traiter séparément ; à ne jamais souffrir que les deux couronnes de France et d'Espagne fussent réunies et, spécialement, que les Français se rendissent maîtres des Indes espagnoles ou qu'ils y envoyassent des vaisseaux pour y exercer leur commerce. Les cercles d'Allemagne devaient se mettre à la solde des Hollandais et leur fournir tous les hommes nécessaires. Enfin chacune des parties contractantes devait avoir sa part des dépouilles des États de Philippe V. Ni l'âge, ni la santé du roi de France n'étaient étrangers à cette coalition, dont les membres ne pouvaient ignorer les embarras du vieux monarque et la fragilité, pour l'Espagne, d'un tel soutien. Ils comptaient également sur le mécontentement qu'avait soulevé la *Révocation de l'Édit de Nantes* parmi les *Réformés*, qui devaient accourir dans leurs rangs comme des alliés naturels, avides de représailles, n'ayant pu ni oublier ni pardonner les Dragonnades.

Soit par le fait de son éducation ou de son caractère, Louis XIV fut, de tous les rois de France, celui qui affecta le plus la domination tout en étant dominé toute sa vie. Ses principaux actes, surtout ceux de la fin de son règne, furent marqués au coin de la faiblesse. La complaisance, la flatterie, l'adulation pénétraient insensiblement son âme, et il se laissait aisément séduire par un air de dévouement pris à propos devant lui. C'est ainsi que sa volonté, qu'il croyait absolue, fut presque toujours dépendante de ceux qui, sur ses vieux jours, surent prendre sur lui un ascendant néfaste pour la France. Se laissant persuader que tout ce qui pouvait lui plaire était juste, que rien n'était trop cher pour payer sa gloire et ses plaisirs, il ruina le trésor par l'édification des châteaux de Versailles, Marly et autres habitations princières, où des masses de travailleurs trouvèrent la mort[1]; mais il ruina égale-

---

[1] *Trente six mille hommes*, ouvriers et soldats, et six mille chevaux travaillèrent à dessécher, creuser, assainir l'immense marécage

ment l'industrie française le jour où, pour son malheur et celui de la France, il signa la Révocation de l'Édit de Nantes.

Parmi les personnes qui avaient pris sur lui un ascendant dominateur et funeste aux intérêts de la nation, il faut citer d'abord la marquise de Maintenon. Cette femme astucieuse et patiente sut, de la situation la plus humble, s'élever au faîte des honneurs et de la puissance. Parodiant le ministre de Henri IV, ce pseudo-Sully en jupons n'ignorait pas que ses conseils, donnés dans la chambre royale, avaient leur répercussion dans le royaume. Elle eut cette suprême satisfaction de voir à ses pieds le vainqueur de l'Europe, qui avait accepté ce tyran de sa volonté par crainte de laisser voir à un homme ses infirmités physiques et morales, ce qui aurait compromis son orgueil.

Mme du Deffand, qui était littérairement de la même école que Mme de Maintenon, l'a jugée, en deux lignes, d'une façon très juste :

« Il me reste, dit-elle, de la lecture de ses lettres

---

sur lequel fut construit le château de Versailles. On peut estimer à *vingt mille* le nombre des morts, victimes des fièvres causées par les exhalaisons et les miasmes pestilentiels des étangs (*Mémoires de Dangeau*).

Pendant la nuit (dit Mme de Sévigné) on emportait des chariots remplis de malades et de morts.

SIÈGE D'ALICANTE (1706)

Nicolas Roze, à la tête des troupes qu'il a équipées à ses frais, repousse l'attaque de l'armée Anglo-Portugaise, lui fait des prisonniers et rentre dans Alicante acclamé par les habitants et le Gouverneur, qui se portent à sa rencontre (page 30).

beaucoup d'opinion de son esprit, peu d'estime de
son cœur, et nul goût pour sa personne. »

Née protestante, il était réservé à la petite-fille
du geôlier de Château-Trompette de se parjurer et
de devenir le bourreau de ses anciens coreligionnaires, annulant ainsi les effets du plus grand
acte politique de Henri IV : la liberté de conscience
accordée aux protestants en 1579.

En effet le libéralisme, l'esprit large et prévoyant
de ce grand roi, n'avaient pas tardé à produire en
France des illustrations nouvelles dans tous les
genres et à grouper autour du trône des sujets
dévoués. Laborieux et actifs, les protestants s'étaient
surtout tournés vers l'industrie. Les négociants
calvinistes étaient les premiers du royaume; ils
avaient acquis de si grandes richesses à l'ombre de
la liberté que leur fortune était devenue prover-
biale. Vers le milieu du xviie siècle, on disait :
Riche comme un protestant. Dans les Conseils, dans
l'armée, dans la marine, ils avaient également des
représentants dont les noms justement célèbres
sont arrivés jusqu'à nous. Duquesne, un des plus
grands marins du siècle, Schomberg, Ruvigny,
Turenne étaient calvinistes. Ce dernier qui, pendant la Fronde, défendit la cour et protégea l'enfance de Louis XIV, était bien pour quelque chose

dans le jugement que Mazarin portait sur les réformés :

« Je n'ai pas à me plaindre, dit-il, du petit troupeau ; s'il broute de mauvaises herbes, au moins il ne s'écarte pas. »

Mal conseillé, méconnaissant les services rendus à la nation par les protestants, Louis XIV, lorsqu'il résolut la révocation de l'Édit de Nantes[1], ne prévit pas les conséquences funestes d'un pareil acte, qui anéantissait toute l'œuvre que Henri IV avait su édifier. Ce grand roi avait mis fin aux guerres de religion ; il avait ainsi donné la paix intérieure au royaume et la prospérité au commerce et à l'industrie. Que fit Louis XIV de cet édit déclaré *perpétuel* et *irrévocable* par son aïeul ? Roi très chrétien, il se parjura, mentit à la parole royale de Henri IV, déchira la Charte, ordonna la démolition des temples, proscrivit la pratique du calvinisme, mettant les malheureux réformés dans l'alternative douloureuse de sacrifier leur patrie ou leur foi. Les ordonnances sans nombre rendues contre eux furent marquées au sceau de la partialité la plus brutale et, le plus souvent, d'une cruauté qu'on aurait pu croire dictée par le bour-

[1] 1685.

reau. Et alors ces gens paisibles, qui n'avaient que
le tort de chanter en français des psaumes que
d'autres chantaient en latin, la plupart du temps
sans les comprendre, et de pratiquer un dogme qui
n'était pas en complet accord avec les préceptes de
l'Église catholique romaine, se révoltèrent sous
l'iniquité des arrêts qui les frappaient, sous les traitements cruels et barbares qu'on leur infligeait.
La guerre religieuse se réveilla plus ardente, plus
acharnée que jamais. De part et d'autre, des actes
de sauvagerie furent constatés. Les représailles
furent terribles dans les deux partis, et les combats
d'embuscades, les incendies, les tueries, les vols,
comme les sacrifices et les dévouements, alternèrent
chez les troupes royales comme chez les *Camisards*[1].
Parfois, chez les premières, la lassitude empruntait
aux circonstances le caractère même de cette guerre
fratricide; chez les seconds, au contraire, avec
l'exaltation qui naissait de leur foi ardente, de leur
religion et de l'exaspération où les jetaient les traitements d'une législation exceptionnelle, aussi barbare qu'aveugle, la haine ne faisait que s'étendre
et pousser de profondes racines.

[1] Mot cévenol qui signifie chemise. Les Camisards, en effet, pour
se reconnaître la nuit, avaient adopté une chemise blanche, plus
facile à distinguer, dans l'obscurité, qu'un autre vêtement.

L'insurrection des Camisards enfanta un homme. Un jeune garçon boulanger de Ribaute, près d'Anduze (Gard), d'un physique gracieux, abandonna le fournil et s'improvisa général. C'était le fils d'un laboureur ; on l'appelait *Jean Cavalier*.

Son intelligence, son courage à toute épreuve le firent remarquer et choisir par ses compagnons pour les commander.

Après avoir battu les nobles de la province dans les prairies d'Alais, il se présenta sous les murs de Sauve (Gard) et s'en rendit maître en trois jours, malgré une garnison aguerrie, commandée par le marquis de la Jonquière. Ce dernier fut blessé dans l'action et ne se remit à la tête de ses troupes que pour être battu une seconde fois par Cavalier à Saint-Chate, laissant entre les mains de ce dernier son cheval, qui devint ainsi l'un des trophées de la victoire des protestants. Peu de temps après, dans le courant de janvier 1703, avec Ravenel, il bat les troupes du prince de Broglie, gouverneur du Languedoc, au Val-de-Blane, dans la plaine de Nîmes. Ses succès augmentant chaque jour, le roi ne peut moins faire, pour arrêter dans sa marche victorieuse un tel adversaire, que de lui opposer son meilleur général, Villars.

Celui-ci, avec sa longue expérience de la guerre,

son sang-froid et ses hautes capacités militaires,
devait avoir raison de ces malheureux que la per-
sécution religieuse avait faits soldats et que leur foi
fit si souvent martyrs. Après avoir eu raison des
Camisards en différentes rencontres, il voulut en
finir avec eux. Il avait disposé son armée en petits
groupes, qui, à un moment donné, se réunissant
dans un mouvement concentrique, devaient les
enserrer dans un cercle de fer et de feu d'où ils ne
pourraient plus sortir.

Cavalier, attentif à la manœuvre du commandant des troupes royales, ne se trompa aucunement
sur l'issue de la lutte qu'il soutenait. Depuis sa
défaite de Nages, il voyait ses contingents réduits
aux abois; ses paysans cévenols traqués, chassés,
mourant de faim; il jugea à propos de négocier,
pour faire cesser les hostilités et tenter auprès de
Villars, esprit large et enclin à la bienveillance, la
même démarche qu'il avait faite une première fois
auprès du maréchal de Montrevel, et qui n'avait pas
réussi.

Un certain Lacombe, laboureur, chez lequel
Cavalier avait gardé les troupeaux dans son enfance,
servit d'intermédiaire. Quoique fidèle observateur
des ordres du roi, Villars ne voyait pas sans regret
cette guerre fratricide à une époque surtout où la

France, ayant à se défendre contre les attaques de
trois grandes puissances, avait besoin de tous ses
enfants. Il accepta d'entrer en négociations avec
Cavalier, qu'il avait su juger à sa valeur. La première entrevue eut lieu aux portes de Nîmes, dans
un jardin planté de grands arbres et clos par de
hautes murailles. La troupe des Camisards, sous les
ordres de Ravenel, resta à une portée de mousquet
du rendez-vous. Cavalier pénétra dans le jardin au
milieu d'une foule immense ; Baville et Villars s'y
promenaient. Le premier le reçut d'une façon hau-
taine ; le second, au contraire, plus conciliant et
aussi plus adroit, lui fit le plus gracieux accueil et
les pourparlers commencèrent aussitôt. Cavalier
demanda d'abord la liberté de conscience et déclara que le parti huguenot ne déposerait les armes
qu'après avoir obtenu cette concession. Sur ce
point, les ordres du roi étant formels, Villars
déclara de suite cette prétention inadmissible.
Alors, avec la secrète pensée de revenir plus tard
sur ce sujet, le jeune capitaine exposa les autres
réclamations : délivrance de tous les prisonniers et
des galériens condamnés seulement pour leurs opi-
nions religieuses. Villars crut devoir souscrire à
cette demande. Sur cette réponse favorable, Cavalier déclara qu'il ramènerait trois mille Camisards,

en désirant toutefois connaître quel serait leur sort.
Le maréchal ne crut pas trop s'avancer en lui répon-
dant que son intention était d'en former un régiment, dont le commandement lui serait remis avec
le titre de colonel et qu'il se proposait de demander
au roi de l'envoyer guerroyer soit en Espagne, soit
sur le Rhin. Cavalier accepta, mais cette acceptation
ne fut pas confirmée par les autres chefs huguenots,
Roland et Ravenel; une scission eut lieu, qui dimi-
nua le nombre des soldats qu'il devait ramener.
Ce fait, qui ne pouvait lui être imputé à charge,
n'empêcha en rien les engagements pris par Villars
d'être tenus. Colonel reconnu de son régiment, il
fut dirigé avec ce titre vers les frontières de l'Est.

Roland fut tué dans un combat peu après [1]; Ravenel fut pris et envoyé à l'échafaud sur l'ordre de
Baville; plusieurs capitaines huguenots se rendirent,
et cette province de Languedoc, si longtemps trou-
blée, fut pacifiée grâce au talent, à l'énergie et aussi,
il faut bien le dire, à la juste clémence de Villars,
qui appliqua l'amnistie partout où d'autres n'avaient
jusque-là appliqué que la torture.

Les États du Languedoc surent apprécier la belle
conduite du magnanime maréchal; ils lui votèrent

---

[1] Août 1704.

des remerciements et, à titre de récompense nationale, une somme de douze mille livres, ainsi
qu'une de huit mille pour la maréchale. Louis XIV
ne l'oublia pas non plus, il changea sa couronne de
marquis en une couronne de duc et le fit commandeur
de ses ordres.

II

Le rappel du maréchal de Berwick, qui commandait en Espagne les troupes françaises, fut le signal d'une série d'échecs. Ici encore on constate l'influence néfaste de Mme de Maintenon sur l'esprit affaibli du vieux roi. L'envoi en Italie et en Espagne de Marsin et de Tessé, considérés tous deux comme ses créatures, produisit la plus mauvaise impression sur les Espagnols et raviva les espérances de l'archiduc Charles, le compétiteur de Philippe V.

Certes, le roi d'Espagne avait du courage et de la probité, il l'avait prouvé en maintes circonstances; mais il était malheureusement affligé d'un esprit flottant et irrésolu, qui le mettait à la merci de sa femme et de Mme des Ursins. Cette dernière jouait à la cour d'Espagne un rôle qui, s'il n'égalait pas celui de Mme de Maintenon à la cour de France, n'en avait pas moins une grande importance. Pendant toute cette guerre, elle fut considérée comme un des agents les plus autorisés de la politique de la marquise.

L'empire qu'elle avait su prendre sur le malheureux roi d'Espagne, qu'elle gouvernait au gré de son plaisir, lui avait aliéné le parti populaire resté jusqu'ici son plus fidèle soutien. L'écho de sa conduite ne tarda pas à se répercuter dans les provinces et ne fut pas sans influencer les Catalans en faveur de l'archiduc Charles. Celui-ci, encouragé par les fautes de ses adversaires, s'avançait rapidement et ses troupes occupaient presque en entier la province de Valence. Alicante était menacée d'un siège, et rien n'avait été préparé pour la défense de cette ville.

C'est alors que les circonstances fournissent à notre héros, Nicolas Roze, l'occasion de se révéler et comme soldat et comme patriote, si ce mot peut

être employé pour une époque où l'idée de patrie
n'était représentée que par le roi.

N'écoutant que son dévouement à une cause qu'il
sait être celle de la France, devant l'imminence du
danger que court la ville d'Alicante, dernier boulevard de la monarchie espagnole dans la province
de Valence, il n'hésite pas, il abandonne ses intérêts, sa maison de commerce, et lève, à ses frais,
deux compagnies, l'une d'infanterie, l'autre de
cavalerie. Les rebelles, appuyés par quelques
bataillons détachés de l'armée de l'archiduc, se
montrent devant la place.

Roze n'a pas encore l'expérience de la guerre ni
la tactique du maniement des troupes : n'importe, il
ne recule pas. Par quelques chaudes paroles il sait
toucher le cœur de ses volontaires, en majeure partie Français; il enflamme leur courage et fond sur
les ennemis. De talent militaire il ne saurait être
ici question, sa bravoure lui en tient lieu; l'impétuosité de son attaque surprend les Impériaux, il les
culbute, fait des prisonniers et rentre triomphant
dans Alicante. La population se porte à sa rencontre et lui fait, ainsi qu'à ses compagnons, une
escorte d'honneur. La spontanéité de cette manifes-
tation populaire s'adressait moins au soldat vainqueur qu'à l'étranger qui se dévouait pour le salut

de la ville menacée; c'était la marque évidente de l'estime dont jouissait le commerçant marseillais dans la cité d'Alicante.

Cependant le moment ne devait pas tarder où le dévouement de Roze serait mis à une épreuve plus difficile. Les ennemis, forcés par les Français de quitter Madrid et poursuivis jusque dans la province de Valence, se représentèrent devant Alicante appuyés par une grande partie des troupes de Las Minas; ils en firent le siège. La flotte anglo-hollandaise survint sur ces entrefaites, empêchant tout secours des vaisseaux du comte de Toulouse, qui dut se retirer devant la supériorité numérique des alliés. Le bombardement de la malheureuse cité commença aussitôt, et par terre, et par mer.

Le comte de Mahoni, colonel des dragons irlandais et gouverneur de la place, ne se fit pas d'illusions sur l'issue de la lutte, mais il ne voulut pas non plus que l'ennemi pût se vanter d'avoir pris la ville dont il avait la garde, par le fait d'une simple promenade militaire. Il lui fallait, pour la défense de la citadelle, un officier courageux, habile et dévoué; il n'hésita pas à fixer son choix sur Roze, qui justifia bien par sa brillante conduite la confiance que le gouverneur avait placée en lui.

Les prévisions de M. de Mahoni devaient se

réaliser plus tôt qu'il ne l'avait pensé. Alicante, après
quelques jours de siège, tomba au pouvoir de
l'ennemi, et son gouverneur dut se réfugier auprès
du nouveau commandant du château, Nicolas Roze.

Les alliés connaissaient l'infériorité des moyens
de défense de la citadelle : une garnison surmenée,
insuffisamment armée, et les approvisionnements
de bouche presque nuls. Mais, si ces détails leur
étaient connus, ils ignoraient que l'homme chargé
de tirer partie de si minces ressources unissait à la
bravoure du soldat les talents de l'administrateur.
Dès le premier jour de son installation, Roze fit
rationner la garnison, occuper tous les postes de
combat ; lui-même, donnant l'exemple, mangeait au
milieu de ses troupes la ration d'un simple miquelet.
Infatigable, payant constamment de sa personne, il
se montrait à toute heure de jour et de nuit sur les
glacis des fortifications, observant les manœuvres
des assiégeants, ou dans les casemates, inspectant
les munitions. Son activité faisait l'admiration de
ses soldats, qui l'adoraient ; il savait leur communiquer une ardeur qui augmentait le courage des
combattants et la résignation des malades et des
blessés. Cette défense, restée mémorable dans les
annales de la campagne de 1706, se prolongea
trois mois, à la grande surprise des ennemis qui

croyaient avoir raison de la citadelle en quelques jours. Enfin, blessé par un éclat de grenade, Roze dut abandonner les fortifications, où il s'était tenu jusque-là pour stimuler le courage de ses troupes et diriger la défense. Peu de jours après, M. de Mahoni vint le trouver et lui annoncer que, les vivres étant épuisés ainsi que les munitions d'armes, il était dans la nécessité de rendre la place.

Grâce à la magnifique défense organisée par le brave Roze, la petite garnison put sortir avec les honneurs de la guerre. Notre héros, très fatigué par cette campagne et souffrant beaucoup de sa blessure, s'embarqua pour Marseille, abandonnant à l'ennemi, qui s'en était emparé, sa maison de commerce et toutes les marchandises qu'elle renfermait. Il rentra dans sa famille, malade et complètement ruiné. Mais l'air natal, les soins affectueux de son frère et la satisfaction du devoir accompli lui rendirent bientôt la santé et la force de recommencer ses exploits sur le même théâtre et en face des mêmes adversaires.

M. de Mahoni, qui avait su apprécier les hautes qualités de notre héros, communiqua ses impressions au ministre, M. de Ponchartrain. Celui-ci en parla au roi et envoya à Roze une attestation écrite et signée de sa main, où son mérite et son

dévouement à la cause royale dans la défense
d'Alicante sont relatés sous la forme la plus élo-
gieuse.

« Nous, Jérôme Phelippeaux, comte de Ponchartrain, conseiller du Roi en tous ses conseils, secrétaire d'État ayant le département de la marine,

« Certifions qu'il nous a été mandé par M. de
Mahoni, maréchal des camps et armées du Roi,
colonel du régiment des dragons irlandais, etc., et
par d'autres personnes en relations avec nous pour
le service, que le sieur Nicolas Roze, négociant de
Marseille, établi à Alicante depuis dix ans, a
marqué, pendant le siège que les Anglais ont fait de
cette ville, tout le zèle possible pour contribuer à
sa défense ; qu'il a levé et entretenu à ses dépens
deux compagnies, l'une d'infanterie et l'autre de
cavalerie ; qu'il les a commandées, a servi de sa
personne dans toutes les occasions, et a été blessé
dans l'attaque du château ; qu'il a abandonné, lors
de la reddition de la place, des biens considérables,
et employé ce qui lui restait pour la subsistance
des troupes du roi d'Espagne et autres nécessités
pressantes du service de S. M. Catholique ; qu'en surplus, ledit sieur Roze a toujours tenu une bonne et

sage conduite ; le tout pour lui servir et valoir
envers qui il appartiendra.

PONCHARTRAIN.

Fait à Versailles, le 27 janvier 1707.

Appelé à Versailles où l'avaient devancé les rapports les plus flatteurs, rapports adressés par son
chef et par le roi d'Espagne lui-même, Roze fut présenté à Louis XIV qui l'accueillit très gracieusement.
Ne prodiguant pas sa faveur à un genre de mérite
à l'exclusion des autres, le roi savait distinguer
tous ceux qui se signalaient à son service. En grati-
fiant Nicolas Roze d'une somme de dix mille livres,
il ne crut pas l'indemniser des pertes qu'il avait
éprouvées, l'état des finances ne le permettait probablement pas ; il voulut seulement lui donner une
preuve évidente du cas qu'il faisait de sa personne.
Il y joignit le brevet de chevalier de l'Ordre hospi-
talier et militaire de Saint-Lazare. Cette dernière
faveur avait dans l'esprit de Louis XIV une plus
haute portée que celle qu'elle comporte ordinairement. Il voulut ainsi relever, aux yeux de la
noblesse, une classe que celle-ci paraissait dédaigner.
Roze était un commerçant, et c'est le commerce que
le roi honorait dans la personne d'un de ses plus

Ayant été mandé par Louis XIV, Roze reçut de Sa Majesté la croix de Chevalier de Saint-Lazare, pour sa noble conduite à Alicante (page 32).

honnêtes, plus dévoués et plus courageux représentants. Pour donner une sanction à ce sentiment
et plus d'éclat à cette récompense, il décida que le
nouveau titulaire serait revêtu de sa dignité dans
sa ville natale, en présence des autorités, de la
noblesse et du haut commerce.

La cérémonie eut lieu en effet avec une grande
pompe, au bruit du canon et ce fut dans la cathédrale et des mains de l'évêque, monseigneur de
Vintimille du Luc, que Nicolas Roze reçut les
insignes de l'ordre de Saint-Lazare. A la sortie de
l'antique *Major*, il monta à cheval. La foule se
pressa sur son passage pour l'acclamer, et tout ce
que la vieille cité phocéenne comptait d'illustrations
l'accompagna jusque chez le gouverneur, où une
fête avait été organisée en son honneur.

Ces chaleureuses démonstrations, l'éclat donné à
une cérémonie ordinairement plus simple et enfin
l'honneur d'appartenir désormais à l'une des plus
anciennes milices de la chrétienté, enflammèrent
d'un nouveau zèle le cœur de Roze et ce fut avec
joie que, peu de temps après, il obéit à l'ordre
envoyé de la cour de rejoindre l'armée française qui
opérait en Espagne, sous les ordres du duc de
Berwick.

Assez heureux pour avoir ramené Philippe V à

Madrid, Berwick envahit la province de Valence et,
profitant du désaccord qui régnait parmi les généraux ennemis, il s'empara d'Orithuela, de Cuença,
de la riche cité de Carthagène avec ses soixante-quinze
pièces d'artillerie, et parvint à repousser les alliés
jusqu'aux frontières de l'Aragon. L'anarchie régnait
dans l'armée de Charles III; Péterborough raillait
amèrement l'incapacité des généraux et des ministres
autrichiens. Il écrivait à Londres que l'archiduc
ne régnerait jamais en Espagne si l'Europe entière
ne voulait l'y maintenir[1]. Le compétiteur de
Philippe V était d'une lenteur qui désespérait
l'activité anglaise. Au lieu de se tenir au milieu de
ses soldats et de les stimuler par sa présence, il
perdait un temps précieux en cérémonies religieuses.
Un jour, comme le général Stanhope lui reprochait
ses lenteurs à propos du siège de Barcelone, il
répondit que son équipage n'était pas prêt : « Sire,
répliqua le général anglais, Guillaume III est entré
à Londres avec une simple valise, et quelques jours
après il était roi[2]. »

L'hiver vint surprendre les deux armées au milieu
des montagnes qui ferment le royaume de Valence
entre Albacète et Almanza.

[1] Lettres de Péterborough.
[2] W. Coxe, t. IV, p. 282.

Dans le chapitre précédent nous avons laissé Cavalier et ses hommes, escortés par des dragons, se dirigeant sur Lyon. Arrivé dans cette ville, le chef de la petite troupe des Camisards fut mandé à Versailles où il eut un entretien avec le ministre de la guerre. Louis XIV, d'après certains récits, désira le connaître et se plaça de façon à le voir à la dérobée, tandis qu'il entrait chez Chamilllart. L'aspect de ce jeune homme imberbe, qui pourtant avait lassé et battu les troupes royales, lui inspira sans doute de tristes réflexions ; il haussa les épaules en signe de mépris et tourna le dos. Le roi avait jugé l'homme du peuple dans un salon ; son opinion aurait probablement été tout autre s'il l'avait vu sur un champ de bataille.

À son retour de Versailles, Cavalier alla à Belfort pour y tenir garnison, mais il n'y resta pas longtemps. Les protestants étrangers, qui admiraient son courage et n'ignoraient pas le prestige que son nom exerçait sur ses coreligionnaires, entrèrent secrètement en pourparlers avec lui et finirent par le gagner à leur cause. Cette rentrée de Cavalier parmi les protestants et les ennemis de la France coïncida avec l'envahissement de l'Alsace par les Impériaux. Villars fut rappelé des provinces méridionales pour se porter au secours des pays menacés.

Son départ précipité fit retomber le gouvernement
de Languedoc dans l'anarchie ; la guerre civile,
sous l'influence et avec l'argent de l'étranger, reprit
avec une intensité que l'invasion des Impériaux
dans le nord-est devait rendre encore plus redoutable.

Après avoir déserté avec toute sa compagnie,
Cavalier franchit la frontière et arriva à Lausanne [1].
Ne voulant pas que le maréchal de Villars, pour
qui il avait conservé une profonde estime, le jugeât
défavorablement, il lui écrivit de cette ville et lui
exposa les raisons qui l'avaient fait revenir sur sa
première détermination [2]. Il allégua que le gouvernement, oublieux de ses engagements, n'avait mis
en liberté ni les prisonniers, ni les galériens ; il se
plaignit de ne pas toucher d'argent pour l'entretien
de ses hommes, ajoutant qu'il ne pouvait attendre
plus longtemps le paiement de la solde, auquel ses
ressources ne suffisaient pas.

Peu de temps après, il quitta la Suisse et partit
pour la Hollande où les Etats-Généraux l'accueil-
lirent avec empressement. Après avoir reçu un brevet de colonel, il fut chargé de la formation des régiments destinés à faire la guerre à Louis XIV. Cava-

[1] Septembre 1704.
[2] Archives de la Guerre, vol. 1797, n° 97.

lier les composa de réfugiés français, que la haine
religieuse de Mme de Maintenon avait traqués,
ruinés, chassés ou bannis de nos provinces méridionales, depuis la Guyenne et l'Aquitaine jusqu'au
Dauphiné et aux Alpes.

La flotte anglo-hollandaise, qui devait les transporter sur les côtes de Guyenne pour prêter leur
concours au soulèvement du midi, fut empêchée
par le vent d'aborder aux lieux indiqués et se dirigea sur les côtes d'Espagne. Elle débarqua à Alicante toutes les troupes primitivement destinées à
opérer une diversion en France. Ce secours inattendu détermina le chef de l'armée anglaise et celui
des troupes hispano-portugaises à précipiter un
mouvement offensif contre l'armée franco-espagnole.

Les chefs des armées en présence étaient, pour
les Anglais, Milord Galloway, et, pour les Français,
le maréchal de Berwick.

Nous serions maintenant plus qu'étonnés de trouver à la tête d'une armée un personnage étranger
à la nation d'où elle a été tirée. A cette époque,
le fait n'était pas rare et admis comme une conséquence du métier des armes. D'ailleurs, l'idée
de patrie, telle que nous l'a transmise la Révolution française, telle que nous la concevons aujour-

d'hui, avec des intérêts communs et définis, avec
des aspirations identiques, avec l'amour du sol et
de la liberté, n'existait pas sous Louis XIV. On
n'était ni indigné, ni surpris de voir de grands capitaines offrir leur épée aux ennemis du roi. Mais ce
qui fut, même dans ce temps-là, singulier, c'est qu'à
Almanza l'on vit les deux chefs des armées ennemies
appartenir chacun à la nation qu'ils combattaient.
En effet, les Anglais étaient à ce moment commandés
par un réfugié français, Henry de Massue, marquis
de Ruvigny, créé comte de Galloway par Guillaume
d'Orange ; et les Français par le maréchal de Berwick, fils naturel du duc d'Yorck, qui régna ensuite
en Angleterre sous le nom de Jacques II.

Galloway et Las Minas, renforcés inopinément
par les troupes hollandaises et les réfugiés protestants français commandés par Cavalier, voulurent
profiter de l'avantage du nombre pour attaquer les
Français à l'improviste ; leur armée était composée
de vingt-six mille fantassins et de sept mille hommes
de cavalerie. Le maréchal de Berwick, qui attendait le duc d'Orléans nommé au commandement
en chef, n'avait à leur opposer qu'un contingent
inférieur en infanterie ; il avait cependant un peu
plus de cavalerie et une artillerie supérieure. Ne
prévoyant pas une attaque aussi soudaine, il eut

un moment d'hésitation et n'accepta le combat qu'à
regret[1].

Ce fut le lundi de Pâques, vers les huit heures
du matin, que commença cette bataille qui fut une
des plus sanglantes de la guerre. L'ennemi parut
en colonnes serrées dans la plaine entre Almanza
et Caudeté. Son centre, formé de vétérans anglais et
hollandais, culbuta les jeunes volontaires de Cas-
tille. Berwick, que sa présence d'esprit n'abandon-
nait jamais, répara le désordre, reforma ses troupes
et, enveloppant les bataillons hollandais, en fit un
vrai massacre. Puis, se tournant vers l'infanterie
anglaise qui venait de traverser un ravin, il voulut
la rejeter sur la droite où les feux croisés de deux
batteries d'artillerie devaient l'anéantir. Cette tactique ne réussit qu'en partie. Le régiment de
réfugiés français conduit par Cavalier se porta au
secours des Anglais, fit pleuvoir sur nos escadrons
une masse de projectiles qui rompit l'impétuosité
de la charge. A ce moment, il ne fallut pas moins
que l'intervention des troupes commandées par le
chevalier Roze pour faire reculer de tels adversaires. Les deux chefs se reconnurent à leur
valeur : Cavalier, poussé par le désespoir et la

[1] Archives de la Guerre, vol. 2048, n° 249.
Lettre de Berwick à Chamillart, 15 avril 1707.

haine ; Rozé, soutenu par son sang-froid, par son courage naturel et l'esprit du devoir. Après des alternatives de succès et d'échecs, les deux régiments en vinrent à l'action suprême. Notre chevalier fait prendre en flanc les soldats de son adversaire tandis que lui-même, suivi du reste de ses troupes, charge l'ennemi de face. La mêlée est terrible, les soldats des deux partis sont confondus, seuls les deux chefs se distinguent de loin : Cavalier, monté sur le cheval blanc de M. de la Jonquière, trophée de sa victoire de Saint-Chatte ; le chevalier Roze sur un genêt d'Espagne, don de Philippe V. Notre héros se précipite la lame haute sur le commandant des Camisards et le blesse d'un coup de pointe. De cette charge fratricide, qui épouvante les deux armées, à peine trois cents hommes reviennent. Berwick se rappela toute sa vie cet épisode et il n'en parlait qu'avec horreur[1].

L'anéantissement des réfugiés français permit au maréchal de reformer sa cavalerie dont le commandement fut donné au comte d'Avaray. Bientôt rejointe par les escadrons espagnols, sous les ordres de don José Amézaga, elle chargea avec une impétuosité telle que les bataillons hollandais

---

[1] Weiss, *Histoire des réfugiés protestants.*

furent écrasés et les cavaliers anglais et portugais
mis en déroute. Les Anglais moururent en braves ;
on les trouva le lendemain étendus et rangés encore.

Galloway, déjà manchot depuis la dernière campagne, fut blessé à la figure ; son sang ruisselait
et l'aveuglait[1]. Las Minas, le commandant des
Portugais, âgé de soixante-dix-sept ans, fut griè-
vement blessé. Sa maîtresse, qui l'accompagnait à
la guerre et qui combattait en amazone, tomba à
ses côtés mortellement frappée. La charge du
chevalier Roze n'avait pas permis aux ennemis de
se rallier ; l'infanterie anglaise, hollandaise et
portugaise, comme nous venons de le dire, fut
littéralement hachée. De ce massacre cependant,
treize bataillons dont cinq anglais, cinq hollandais
et trois portugais, commandés par le comte de
Dona, maréchal de camp, parvinrent à s'échapper ;
ils prirent la fuite et gagnèrent une montagne couverte de bois. Mais le lendemain matin, se voyant
cernés sans espoir de secours, ils se rendirent prisonniers.

Cette victoire, à laquelle notre héros contribua
par sa valeur, fut complète pour la France. Les
ennemis eurent cinq mille morts, dix mille pri-

---

[1] Saint-Philippe, t. II, p. 116.

sonniers. On leur prit cent vingt drapeaux ou étendards, toute leur artillerie et leurs bagages. Parmi les prisonniers de distinction figuraient six maréchaux de camp, autant de brigadiers et vingt colonels. Milord Galloway, qui perdit un œil dans l'action, allait être pris, quand un officier de son escorte, lui faisant un rempart de son corps, empêcha par son dévouement qu'il ne fût poursuivi, et lui donna ainsi le temps de s'échapper.

De notre côté les pertes furent estimées à deux mille hommes. Les sieurs d'Avila, de Polastron et de Sillery, brigadiers, furent tués. Le duc de Sarno, maréchal de camp, et le marquis de Saint-Elme, brigadier, furent blessés[1].

Quant à Cavalier, blessé comme nous l'avons dit, par le chevalier Roze, il put s'échapper et retourner en Hollande où il fut accueilli par Mme du Noyer, calviniste ardente qui s'était réfugiée dans ce pays et rédigeait des libelles contre Louis XIV et sa cour.

Le salon de Mme du Noyer était fréquenté par les réfugiés français et les philosophes. Voltaire s'y montrait souvent et s'éprit de la fille aînée de la maîtresse de la maison que l'on désignait fami-

1. *Mémoires du maréchal de Berwick.*

lièrement sous le nom de *Pimpette*. Des lettres,
des démarches imprudentes ne tardèrent pas à
attirer l'attention des amis et connaissances de
Mᵐᵉ du Noyer qui fut informée des agissements de
Voltaire, et celui-ci fut amené à demander la main
de Pimpette. Mᵐᵉ du Noyer exigea du philosophe
l'abjuration de sa religion. Voltaire, quoique peu
croyant, ne vit aucune raison de renoncer à une
religion qu'il ne pratiquait pas pour en adopter
une autre qu'il n'aurait pas pratiquée davantage.
Il préféra l'amour de la liberté, qui n'excluait pas
la liberté de l'amour, à la perspective d'une vie
familiale que le calvinisme condamnait à une
austérité en désaccord avec ses goûts, et à des
pratiques religieuses en opposition avec ses principes. Il continua à papillonner autour de Mˡˡᵉ du
Noyer, attendant le moment opportun pour fuir
avec elle. L'ambassadeur de France, M. de Châ-
teauneuf, mis au courant de la situation, fit repar-
tir Voltaire pour Paris et coupa court à cette
intrigue qui n'eut pas de suite.

Cavalier, lui non plus, n'avait pas été indiffé-
rent aux charmes de la fille aînée de Mᵐᵉ du
Noyer, et lorsqu'il la demanda en mariage, elle lui
fut accordée avec une satisfaction qui fit sentir tout
le prix que l'on attachait à cette alliance. Il passa

plus tard de l'armée des États-Généraux dans celle de la Grande-Bretagne et mourut sans enfants, major-général anglais et gouverneur de Jersey en 1740[1].

Il y avait dans ce petit paysan cévenol l'étoffe d'un grand capitaine ; s'il eût vécu sous un gouvernement démocratique, il aurait pu devenir une gloire de la France sans avoir besoin de renier sa foi.

Dans la correspondance du maréchal de Berwick avec Chamillart, ministre de la guerre, nous retrouvons une lettre traitant des prisonniers protestants ; le commandant de l'armée franco-espagnole y fait mention de Cavalier ; nous avons pensé qu'un extrait de cette lettre avait ici sa place tout indiquée.

« Au camp de Caspe, 11 juin 1707.

« ... J'avais déjà pensé à faire rester en Espagne les Français religionnaires, je l'avais mandé à M. Amelot et je croyais avoir eu aussi l'honneur de vous en écrire. *Quant à Cavalier, il a été fort blessé à la bataille*, mais il se sauva et depuis ce temps il est guéri de ses blessures. J'écris à M. Amelot pour le prier de faire mettre à part, dans quelque château sûr, six ou sept prisonniers du régiment de Cavalier, sans pourtant que cela éclate, etc.[2]. »

[1] Archives de la Guerre, vol. 1644-1707 à 1709, 1796-97, 1862.
[2] Archives de la Guerre, vol. 1707.

Le Chevalier Roze sort de la cathédrale de Marseille, où le Roi, pour bien marquer le cas qu'il faisait de son mérite, a voulu qu'il reçût l'investiture de son titre, en présence de la noblesse, du clergé et du haut commerce. Le Chevalier, à cheval, salue la foule qui l'acclame et lui fait cortège (page 33).

III

Soumission de Valence. — Prise de Saragosse. — Le duc d'Orléans
envahit la Catalogne. — Siège de Lérida. — Intrigues de Mme de
Maintenon. — Rappel du duc d'Orléans. — Il est de nouveau
envoyé en Espagne. — Il retombe en disgrâce. — Le marquis
d'Hasfeld commande l'armée franco-espagnole. — Il charge le
chevalier Roze d'enlever Xativa et de l'incendier, puis de former
un corps pour la défense d'Oran. — Siège d'Alicante. — Le chevalier Roze est envoyé pour traiter de la reddition de la place.
— Il est retenu prisonnier — Puis échangé contre plusieurs officiers anglais de haut rang. — Il retourne à Marseille. — Fin de
la campagne de 1708. — Situation financière de la France. —
L'hiver de 1709. — Desmarets applique l'impôt du dixième. —
Le chevalier Roze est nommé consul à Modon. — Son dévouement pendant la peste. — Il quitte Modon, rappelé à Marseille
par des intérêts de famille.

Après la sanglante défaite que le maréchal de
Berwick leur avait infligée, Galloway et Las Minas,
à la tête de quelques escadrons échappés d'Almanza,
se replièrent sur l'Aragon où l'archiduc avait encore
des partisans. Le duc d'Orléans, qui venait de prendre
le commandement en chef de l'armée franco-
espagnole, marcha immédiatement sur Valence. La
juste crainte de son nom et le bruit de ses victoires
décidèrent, dès son arrivée, les députés à lui apporter
les clefs de la ville.

Après y avoir proclamé roi Philippe V, il chargea Berwick, comme gouverneur, d'assurer la soumission de la province et se lança à la poursuite de Galloway et de Las Minas. Il arriva devant Saragosse défendu par deux mille Anglais et six mille paysans. Ceux-ci ayant tenté une sortie, le duc lança sur eux ses hussards, qui les sabrèrent et les mirent en déroute. Les Anglais évacuèrent précipitamment la place et se retirèrent à Lérida. Saragosse fut pris et ce fait d'armes entraîna la conquête de l'Aragon.

Le duc d'Orléans, afin de tirer parti de l'enthousiasme où ses récents succès avaient jeté les troupes, résolut d'envahir la Catalogne. C'était là, il ne l'ignorait pas, la partie la plus difficile du programme. Défendue par ses montagnes, les flottes de l'Angleterre, les débris de l'armée d'Almanza, mais surtout par ses populations montagnardes soulevées, bien enrégimentées et restées fidèles à l'archiduc, la Catalogne paraissait invincible. Tous ces obstacles semblent augmenter l'énergie du duc d'Orléans; il ordonne à Berwick de venir le rejoindre et, avec quarante mille hommes, il pénètre dans la dernière province occupée par le compétiteur de Philippe V. Il s'arrêta devant Lérida.

Place de guerre de premier ordre, Lérida reliait les insurgés du midi à ceux du nord. Elevée sur un

roc, au bas duquel coulait la Sègre, entourée de
deux enceintes, défendue par une nombreuse garnison, et par les paysans des villages environnants,
elle joignait à tous ces obstacles le voisinage des
armées de Galloway et de Las Minas, qui pouvaient
prendre les assiégeants entre deux feux et leur
couper la retraite. Berwick, à la vue de toutes ces
difficultés, crut devoir invoquer la prudence et con-
seilla la retraite. Mais là où le duc d'Harcourt et
le grand Condé avaient échoué, le duc d'Orléans
voulut vaincre et emporter de vive lutte ce Gibral-
tar des Pyrénées. Il fit venir de Bayonne toute
l'artillerie nécessaire ; malheureusement, le mauvais état des chemins retarda l'exécution de ses
projets et ce fut en pleine canicule que cette difficile opération commença. A peine les tranchées
furent-elles ouvertes que les assiégés lancèrent sur
les Français des roches énormes, de l'huile bouil-
lante, de la poix enflammée ; leur feu fit de tels
ravages que nos troupes durent se retirer. Les officiers, donnant alors l'exemple, s'armèrent de pioches
pour continuer le travail, et les soldats revinrent.
Mais bientôt un nouveau contre-temps faillit annu-
ler tant d'efforts ; sous l'effet des pluies d'automne,
la Sègre déborda et emporta les ponts, séparant
ainsi l'armée campée sur les deux rives. Rien

n'abattait l'énergie du duc d'Orléans ; il fit disposer des bacs, et, tour à tour ingénieur ou intendant-général, on le voyait à la tranchée soutenant les travailleurs, dans les ambulances consolant et assistant les blessés, payant de sa bourse le plus souvent les subsistances de l'armée. Ses ennemis personnels, Mᵐᵉ de Maintenon et Mᵐᵉ des Ursins, avaient cependant pu obtenir du vieux roi son rappel ; l'ordre arriva le jour même où le duc, donnant l'assaut suprême, s'emparait de Lérida[1].

Nous trouvons, dans le recueil des chansons de Maurepas, une pièce sur la prise de Lérida. En voici un couplet que nous reproduisons, car il donne bien la note de l'état d'esprit en France à ce moment :

> Sus donc, qu'on prenne le verre,
> Renouvelons nos efforts,
> Et buvons à rouges bords
> A ce grand foudre de guerre[2].
> La prise de Lérida
> Met nos ennemis par terre ;
> La prise de Lérida
> Met l'archiduc à quia[3].

[1] 13 octobre 1707.
[2] *Le duc d'Orléans.*
[3] *Recueil de Maurepas*, t. XI, p. 119.

Obéissant à l'ordre qu'il avait reçu, le duc d'Orléans revint en France pour se justifier des calomnies que ses ennemis répandaient contre lui. Les succès qu'il avait obtenus, mais surtout l'offensive que semblait prendre l'armée anglo-portugaise après son départ d'Espagne, firent revenir le roi sur sa première décision, et il fut résolu qu'il retournerait en Espagne au plus tôt.

En dépit des honteuses menées auxquelles il était en butte et qui ne reculèrent pas devant la trahison, le prince rassembla son armée, descendit l'Ebre, entra en Catalogne, s'empara après un siège de Tortose, ville fortifiée et très importante au point de vue stratégique. Il marcha sur Venosque et Balaguer qu'il enleva, et se prépara à assiéger Barcelone.

Ici se place un incident qui, en tout autre temps, aurait pu passer inaperçu, mais qui, dans les circonstances présentes, devait décider la disgrâce du vainqueur de Lérida.

Dans un banquet, au milieu des officiers de sa maison, le jeune duc, portant un toast, se laissa emporter à une de ces boutades dont il était coutumier : « Messieurs, dit-il (faisant allusion à l'intervention dans les affaires de la princesse des Ursins et de Mme de Maintenon), à la santé de la femme lieutenant et de la femme capitaine[1]. »

Cette plaisanterie acheva de le perdre auprès des deux *reines*. Mme de Maintenon à Versailles redoubla ses attaques, Mme des Ursins à Madrid appliqua sa haine à entraver de tout son pouvoir les préparatifs de la campagne. En présence des succès du duc d'Orléans, qui marchait sur Barcelone, elle n'hésita pas à l'accuser près de Philippe V de vouloir troubler son foyer et de convoiter sa couronne[2]. Sous les coups répétés de ces indignes calomnies et voyant son plan de campagne constamment entravé par cette diplomatie d'alcôve, le duc d'Orléans mit ses troupes en quartiers d'hiver, se démit de son commandement et quitta l'Espagne sans idée de retour.

Philippe V, que ce brusque départ laissait seul à la tête de l'armée, en donna le commandement au marquis d'Hasfeld, soldat rigide, intrépide, élève de Berwick, mais comme lui également sans pitié pour les vaincus. Une amnistie large, une bonté éclairée, un retour sage aux libertés provinciales auraient plus fait pour le prestige du roi et la pacification de son royaume que les procédés barbares

---

[1] Les termes du toast étaient, il est vrai, beaucoup plus énergiques. Saint-Simon cite le texte exact, t. VI, p. 241.
[2] Saint-Simon, t. VI, p. 292.

employés par Hasfeld pour réduire une population soulevée, opiniâtre dans ses revendications et brave jusqu'à la mort.

Le chevalier Roze, depuis son retour en Espagne à la tête de deux compagnies qu'il avait de nouveau levées à ses frais, avait combattu vaillamment aux côtés du duc d'Orléans. Il avait attiré l'attention du marquis d'Hasfeld qui, en maintes circonstances, avait remarqué sa valeur, et n'hésita pas à le charger du siège de Xativa ou plutôt de l'assaut final, pressé qu'il était de marcher sur Denia. La résistance de Xativa l'ayant mis dans un état de colère difficile à décrire, le chef de l'armée franco-espagnole donna une nouvelle preuve de son caractère violent et cruel en imposant l'ordre barbare d'incendier la cité pour la punir de son courage, frapper ainsi de terreur la province entière et l'amener à une soumission rapide.

Tous les habitants de Xativa concoururent à la défense de la ville, soutenus par la garnison et six cents Anglais. Une fois la brèche ouverte, le chevalier Roze s'aperçut que d'autres retranchements avaient été élevés derrière l'enceinte. Dans ces conditions, l'assaut était prématuré ; il ordonna en conséquence de reprendre le bombardement.

Les derniers pans de murs écroulés, il leva son

épée, et, donnant l'exemple, il se précipita dans la
ville suivi par ses troupes. Mais ici le combat recommença avec une nouvelle ardeur. Les assiégés avaient
établi des barricades et transformé chaque maison
en citadelle. Ils se défendirent avec une bravoure
et une opiniâtreté qui auraient pu lasser d'autres
soldats que ceux de la vieille armée de Berwick et
du duc d'Orléans. Il fallut huit jours pour se rendre
maître de la place où la veille encore s'élevait
Xativa. De cette fière cité, de cette forteresse
jusqu'alors imprenable, il ne restait que des ruines
noircies et un amas de décombres, des ruisseaux de
sang, des armes brisées : tristes, mais glorieuses
attestations d'une défense que les habitants de la
noble Xativa avaient conduite en héros. S'il fut
dans la vie militaire du chevalier Roze une période
pleine de tristesse et d'épouvante, ce fut bien le jour
où il reçut l'ordre d'anéantir Xativa par le fer et
le feu. Fidèle observateur de la discipline qui rend
les armées fortes et victorieuses, il n'en avait pas
moins une âme sensible et un cœur généreux.
Lorsqu'il dut exécuter l'ordre barbare du marquis
d'Hasfeld, il fit à son chef et à l'obéissance passive
qu'il lui devait le sacrifice le plus grand qu'on
pût demander à un homme dont les aspirations
charitables semblaient mettre en lutte constante

ses devoirs de soldat et ses sentiments d'humanité.

Après cette pénible exécution, le chevalier Roze fut chargé d'organiser les troupes destinées à secourir Oran, alors assiégé par les Algériens. Il se rendit à Carthagène pour remplir sa mission. Le régiment formé par ses soins fut embarqué, et, toutes les formalités remplies, il reprit bientôt la route de l'intérieur, rappelé par le marquis d'Hasfeld, qui assiégeait Alicante et qui s'était souvenu que notre chevalier, connaissant parfaitement la place et les habitants, pourrait être utilement employé pour ménager des intelligences dans la ville. L'évêque de Murcie, qui connaissait Roze et faisait le plus grand cas de son courage et de sa dextérité, avait déterminé ce choix par ses instantes recommandations.

La mission dont le chevalier Roze fut chargé était pleine de dangers, mais non au-dessus de ses capacités et de son courage. Cette mission se composait de deux parties bien distinctes ; la première consistait à voir discrètement les anciens partisans de Philippe V, à obtenir d'eux qu'ils employassent leur influence sur l'esprit du gouverneur pour l'amener à capituler, ou, s'ils refusaient, qu'ils fournissent un parti assez fort pour seconder à l'intérieur les attaques des assiégeants. Secondement, il s'agissait de faire comprendre au commandant des troupes anglaises, qui défendait la place, l'inutilité d'une telle entreprise en présence des travaux exécutés par le marquis d'Hasfeld et qui ne tendaient à rien moins qu'à faire sauter la citadelle. En effet, Hasfeld, excellent ingénieur formé à l'école de Vauban, avait pratiqué sous le rocher une mine très profonde dont les résultats ne pouvaient être douteux. Sir Richard, qui commandait les Anglais, amené sur les lieux mêmes par le chevalier Roze, qui voulait lui démontrer l'exactitude de ses allégations, resta convaincu que le rocher résisterait à la poudre. Non seulement il rejeta la proposition qui lui était faite, mais encore, par un défi héroïque, convia son état-major à dîner sur l'emplacement miné. Sur ces entrefaites, une lettre que l'évêque de Murcie adressait au chevalier Roze fut interceptée et présentée au gouverneur, qui, se saisissant de la personne de ce dernier, donna ordre de l'enfermer. Ainsi se terminèrent malheureusement des négociations qui auraient abouti, sans la malencontreuse lettre de l'évêque, dont l'envoi ne présentait aucune nécessité, mais au contraire, comme les faits l'ont prouvé, devait arrêter net la mission confiée au chevalier.

Hasfeld, en apprenant l'incarcération de son

envoyé, n'hésita plus ; le feu fut mis à la mine, le
rocher sauta, emportant le commandant et ses con-
vives.

Cependant, après cette catastrophe, le colonel
d'Albon, qui succéda à Sir Richard dans le commandement des troupes, refusa de capituler et de
rendre le chevalier Roze à la liberté. Enfin, après
cinquante-sept jours de tranchée ouverte et jugeant
désormais la résistance impossible, il consentit à
rendre la place et obtint de sortir, ainsi que le reste
de ses troupes, avec les honneurs de la guerre.
Après avoir abandonné Alicante, il se dirigea sur
Barcelone, emmenant son prisonnier, qu'il n'avait
voulu céder à aucun prix. Ce ne fut que longtemps
après et dans un échange général que Roze fut
rendu à la liberté. Les Anglais, qui connaissaient
sa valeur, exigèrent pour sa rançon qu'on leur
remît cinq personnages de choix qu'ils désignèrent
eux-mêmes. Ce furent le secrétaire du prince
de Darmstadt et quatre capitaines de cavalerie
appartenant à la noblesse.

Libre enfin, notre chevalier demanda et obtint un
congé qu'il vint passer à Marseille au sein de sa
famille. La captivité qu'il avait endurée, car les
Anglais avaient voulu se venger sur lui de l'échec
qu'ils avaient subi, avait altéré sa santé. Il eut

besoin, pour se remettre de la sollicitude de tous ceux qui l'entouraient et de l'air natal, qu'il était si heureux de respirer après chacune de ses campagnes.

La prise d'Alicante complétait la soumission du royaume de Valence. Ainsi se terminait la période militaire de 1708, pendant laquelle notre héros s'était signalé autant par sa générosité que par sa valeur, en équipant à ses frais des troupes pour le service du roi. Il s'y était montré aussi bon capitaine qu'administrateur avisé, et sans la fâcheuse lettre de l'évêque de Murcie, il aurait, en faisant aboutir des négociations délicates, épargné des flots de sang et empêché une répression d'autant plus terrible que la résistance avait été plus longue[1].

L'année 1709 fut à tous les points de vue la plus néfaste du règne de Louis XIV. La France était envahie et épuisée ; non seulement la guerre avait absorbé tous les revenus disponibles, mais les financiers avaient dû prêter au roi une somme équivalente aux impôts de cinq ans. Le papier royal, dont l'État ne payait plus ni le capital, ni l'intérêt, formait à lui seul une dette de cinq cents millions et perdait 80 0/0. A Marseille, l'exportation était arrêtée, les flottes ennemies s'emparant de tous les

____

[1] *Mém. de Saint-Philippe.*

navires marchands. A l'intérieur du royaume, le commerce était étouffé par les douanes, par l'énormité des impôts et par l'altération des monnaies qui se reproduisait périodiquement. Ce fut dans ces tristes circonstances que Chamillart, vieux et accablé par le travail et le chagrin d'une situation qu'il n'avait pu empêcher, donna sa démission et fut remplacé par Desmarets, neveu de Colbert. En recevant le nouveau titulaire du ministère des finances, Louis XIV ne lui dissimula point les difficultés de sa tâche.

« Je vous serai obligé, lui dit-il en l'installant, si vous trouvez quelque remède à l'état de choses actuel, mais je ne serai pas surpris si tout continue d'aller de mal en pis[1]. »

Desmarets avait tout pouvoir; d'un caractère ferme et résolu, il ne tarda pas à prendre des mesures radicales. Il convertit en rentes le papier royal avili, affranchit les revenus de l'armée engagés aux traitants en leur restituant leurs avances, et augmenta à cette occasion les impôts de consommation, déjà si lourds. Il para ainsi aux besoins les plus pressants. D'ailleurs, pour se procurer de

[1] Saint-Simon, t. VI, p. 102.

l'argent, il trouvait bons tous les moyens. Quelques-
uns même parurent moins que délicats et lui attirèrent les plus vives critiques des honnêtes gens.
A une époque où la personne du roi devait être
entourée de la considération générale et rester étran-
gère à toute démarche qui aurait pu porter atteinte
à sa majesté, Desmarets ne craignit pas, dans
un impérieux besoin, de forcer pour ainsi dire
Louis XIV à accepter l'hospitalité du banquier juif,
Samuel Bernard, à Marly, afin d'en tirer quelques
millions.

Mais de semblables expédients ne pouvaient
suffire au nouveau ministre des finances pour faire
face à une situation qui devenait tous les jours
plus difficile. Il se savait très critiqué et même peu
estimé par la noblesse, et lorsqu'il appliqua
*l'impôt du dixième sur le revenu de tout le royaume,
au profit du trésor*, il trouva dans cette combinai-
son, qui fut la mesure la plus importante de sa ges-
tion et dont il emprunta l'idée à la *Dîme royale de
Vauban*, un excellent moyen pour combler le déficit
du budget et, en même temps, une sorte de revanche
contre toute une classe hostile. La seule modifica-
tion que Desmarets apporta à la perception de ce
nouvel impôt fut qu'il l'exigea en argent, alors que
Vauban n'en avait indiqué le paiement qu'en nature.

Par l'application tardive du système de ce célèbre
ingénieur, on peut dire qu'il servit encore son pays
au-delà de la tombe, car si ses forteresses arrêtaient
l'ennemi, ses conceptions financières remplissaient
le trésor et fournissaient l'argent nécessaire au
paiement des armées.

L'hiver de 1709 avait été pour la France une
calamité de plus, ajoutée à tous ses malheurs.
L'impôt du dixième, qui était une charge nouvelle,
apparut comme impraticable et susceptible d'amener une révolution. La taxe frappait, en effet, tous
les Français, sans privilège de caste ou de naissance, depuis les princes jusqu'aux laquais ; mais
si l'on veut bien se reporter à cette époque où la
France était couverte de vastes propriétés appartenant à la noblesse ou à l'Église, propriétés qui
n'étaient assujetties à aucun impôt direct, on verra,
dans la mesure prise par Desmarets, une tentative
prématurée d'égalité fiscale, puisque les impôts
jusque-là avaient frappé le peuple seul. Cet acte
plutôt démocratique souleva l'indignation des dé-
tenteurs de la fortune publique. Néanmoins, devant
l'autorité absolue et la volonté formelle du roi, la
noblesse s'inclina. Seul le clergé invoqua ses anciens
privilèges et, grâce à Mme de Maintenon, il obtint
d'être exempté, sous la condition de fournir des

dons gratuits plus considérables que précédemment.

Le nouvel impôt produisit chaque année 25 millions, somme énorme en ces temps de crise et par rapport à la valeur de l'argent.

Pour se rendre compte de la hardiesse de conception et d'application du système financier de Desmarets, il faut se reporter à ce malheureux hiver de 1709. Jamais, à aucune époque de notre histoire, où certes les calamités ont été nombreuses, la misère du peuple ne fut aussi grande. Pendant six semaines un froid intense gela les blés, fit périr les oliviers, les vignes, les arbres fruitiers et jusqu'aux chênes des forêts.

La misère était immense et les ressources nulles; les hôpitaux pleins de malades ne rendaient que des morts, la peste qui les ravageait fit plus de trente mille victimes. A Versailles, siège de la royauté, la détresse n'était pas moindre. Le roi et la cour ne mangeaient plus que du pain de seigle et d'avoine. Louis XIV dut établir une garde suisse pour l'accompagner constamment; il ne sortait qu'entouré et protégé par des soldats, des troupes de mendiants le poursuivant en demandant du pain. Ses domestiques, sans gages depuis deux ans, étaient réduits à demander l'aumône. La noblesse envoya sa

Le Chevalier Roze, après avoir repoussé le choc des Camisards, se précipite, l'épée haute, sur leur chef Jean Cavalier, et le blesse d'un coup de pointe . . . (page 40).

vaisselle d'or et d'argent à la monnaie et fit usage de la faïence qui, grâce à cette malheureuse circonstance, se répandit rapidement et fut l'objet d'une industrie nouvelle, gloire des fabriques de Rouen, Nevers, Marseille et Moustiers. Le roi fit mettre en gage par Desmarets tous ses bijoux et pierreries.

En province, la misère fut, sinon plus profonde, du moins plus tenace, car l'hiver y fut plus long et plus rigoureux qu'à Paris. La Seine, la Garonne, la Loire gelèrent en même temps. Le Rhône roula d'abord d'énormes blocs de glace qui renversèrent les ponts, puis fut pris jusqu'à son embouchure. La mer, jusqu'à une lieue de distance, était couverte de glace ; sur l'Adriatique, les transports par chariots avaient remplacé la navigation. Dans les pays montagneux, la neige atteignait dix pieds de hauteur, ensevelissant des villages sous son blanc manteau. Dans les campagnes, les paysans, ayant épuisé leurs dernières ressources, se traînaient comme des fantômes autour des maisons, arrachaient l'herbe, l'écorce glacée des arbres, et dévoraient avec voracité cette trompeuse nourriture. D'autres parcouraient les routes avec l'espoir de trouver quelque chose à manger ; il y avait alors des combats terribles avec des bandes de loups, où

l'homme affaibli et sans vigueur devenait la proie
de ces animaux féroces. D'autres enfin s'égaraient
dans les neiges ; les yeux troublés, surpris par un
engourdissement et un irrésistible besoin de som-
meil, ils s'endormaient pour ne plus se réveiller.

Puis l'hiver cessa et le printemps vint ; mais au
lieu d'apporter un soulagement à tant de calamités
réunies, les premiers rayons de soleil, en amenant la
fonte des neiges, mirent le comble aux malheurs
qui venaient de frapper notre malheureuse France.
Les fleuves débordèrent et emportèrent les maigres
récoltes que le froid avait épargnées. La famine se
répandit partout. Les malheureux, dans leur désespoir, faisaient remonter jusqu'au roi les maux dont ils
souffraient, en l'accusant d'avoir accaparé les blés.
Le Dauphin était assailli par des bandes de femmes,
qui le poursuivaient quand il allait à l'Opéra, en
demandant du pain ; des placards injurieux pour la
cour et la noblesse étaient apposés jusque sur les
murs des églises. Il en était qui menaçaient le roi
d'un nouveau Ravaillac. Les ministres crurent parer
aux besoins les plus pressants en employant
quelques ouvriers à niveler un petit terrain près
de la porte Saint-Denis. Pour salaire on leur donna
à chacun cinq cents grammes de pain d'avoine ; puis,
dans l'espoir de calmer les esprits, on promena la

châsse de sainte Geneviève dans tout Paris. « C'est tout ce que le gouvernement trouva pour amuser un peuple mourant de faim, qu'il ne pouvait nourrir[1]. »

Par sa situation topographique, Marseille avait un peu moins souffert de la disette, du froid et des inondations. Grâce aux navires armés en course que possédaient un grand nombre d'armateurs, plusieurs convois de blé avaient pu pénétrer dans le port et être livrés à la consommation intérieure. La maison Roze fut une des premières à envoyer dans les provinces limitrophes et ensuite jusqu'à Paris des approvisionnements qui adoucirent les derniers moments de la crise. Le roi, qui se rappelait les services rendus à sa cause par le chevalier Roze, voulut, en récompence de cette nouvelle et belle action, lui donner un gage caractéristique de sa confiance et le nomma consul à Modon.

Modon avait été construite sur les ruines de l'ancienne *Méthone*, située au sud-ouest de la Morée, sur la Méditerranée. C'était une porte de la Grèce et une sentinelle vigilante placée en face des Turcs. Eloignée de deux cents kilomètres d'Athènes, elle n'était qu'à une lieue et demie de Navarin qui dut plus tard sa célébrité à la victoire de la flotte française.

[1] Saint-Simon.

A cette époque, Modon avait une certaine importance ; elle était bâtie sur un promontoire rocheux, défendue par une citadelle et des fortifications imposantes. Elle fut à plusieurs reprises conquise par les Vénitiens, les Turcs et les Français ; elle resta définitivement aux Grecs. Il ne reste plus aujourd'hui d'autre témoin de son antiquité qu'un vestige de la vieille cité de Méthone ; c'est une colonne de marbre couronnée d'un chapiteau byzantin, sur lequel les Vénitiens apposèrent une inscription en leur honneur.

La postérité a presque oublié les exploits militaires du chevalier Roze. C'est à Modon qu'il fit l'apprentissage des vertus qui le rendirent célèbre dans sa patrie et ont conservé jusqu'à nos jours dans la mémoire reconnaissante de ses concitoyens, le souvenir de son nom.

Les usages des peuples de l'Orient, l'état de malpropreté dans lequel ils ont coutume de vivre fournissent aux maladies épidémiques un foyer tout préparé où elles prennent naissance, pour de là, se répandre et se propager dans toutes les parties du monde. Les navires sont les véhicules les plus puissants de ces fléaux, et si une police sanitaire des plus sévères n'est pas appliquée en temps opportun contre l'introduction de marchandises venues des pays contaminés, le mal se propage avec

rapidité, frappant de terreur les populations mal
gardées. La médecine n'a trouvé pour le combattre
que de simples palliatifs ou des remèdes sans effet
curatif. A ce point de vue, Modon n'était pas mieux
protégée que les autres villes de la Grèce et la peste
y fit son apparition en 1717. Cette affreuse maladie,
qui prend des caractères si différents suivant les
pays, les sujets et le tempérament de ceux qu'elle
frappe, trouva les médecins de Modon dans l'impuissance de la combattre. Quant à notre héros, la
carrière qu'il avait poursuivie jusqu'alors l'avait peu
préparé au soulagement des malades. Cependant
les qualités maîtresses de son esprit, le calme, le
sang-froid, le talent d'observation, l'appelaient
naturellement à rendre de grands services dans une
occasion semblable.

Il avait remarqué que la peste faisait beaucoup
plus de victimes dans les quartiers humides, bas,
privés d'air et de lumière. Elle frappait de préfé-
rence les gens mal nourris, rebelles aux lois de
l'hygiène. Il voulut réagir contre les usages, mais
il se buta le plus souvent contre une apathie qui
empruntait un caractère plus obstiné à l'idée religieuse de la fatalité.

Mal secondé par le gouverneur qui, tout en l'estimant beaucoup, ne prenait aucune des mesures

qu'il lui conseillait, frappé lui-même de terreur
et ne comptant que sur la Providence pour anéantir
le fléau, le chevalier Roze, pendant les trois ans
qu'il passa à Modon, put cependant, grâce à son
initiative et à son courage, arracher à la mort un
certain nombre de malades et préserver de la contagion ceux qui suivirent ses avis. Il établit sur
les hauteurs de la ville une sorte de campement
en plein air, faisant brûler des plantes résineuses
à une certaine distance et détruire les hardes et
objets divers des pestiférés avant de les transporter
dans cette espèce de sanatorium. Les morts furent
enterrés dans la chaux vive et les maisons contaminées lavées à grande eau, puis soumises à des
fumigations. Mais le retour prématuré des malades
guéris dans les lieux où la peste s'était d'abord
déclarée, où des foyers d'infection imparfaitement
purifiés se trouvaient encore, annula en partie ses
efforts. Mal compris et peu encouragé, il se prodi-
gua cependant sans relâche au chevet des malades,
dans les maisons particulières, dans les hôpitaux
où il secondait les médecins, dans les tranchées
ouvertes où il faisait enterrer les morts. Seul pour
ainsi dire et invulnérable parmi tant de victimes,
il resta à son poste, esclave de son devoir jusqu'au

jour où, rappelé à Marseille par des intérêts de famille, il dut s'éloigner de ces lieux, que, mieux secondé, il n'aurait quittés qu'avec la satisfaction d'en avoir vu disparaître la contagion.

IV

En 1720, Marseille, ville opulente par son négoce et
son industrie, comptait quatre vingt-dix mille habitants. Ses relations commerciales étaient de beaucoup
les plus importantes du royaume; ses vaisseaux sil-
lonnaient dans toutes les mers et son pavillon se montrait tous les ports de l'Europe, de l'Afrique et de
l'Asie. Les richesses qu'elle renfermait, la gloire
qu'elle s'était acquise excitèrent de tout temps la
convoitise de ses rivaux. Sans remonter aux premiers
siècles de sa fondation, où elle eut à lutter contre
Tyr et Carthage sur mer et les peuplades environ-
nantes sur terre, nous voyons les barbares du Nord
être les premiers à vouloir s'emparer de la superbe
Massilia; mais, alliée de Rome, elle put écraser les
Cimbres et les Teutons dans les plaines de Pour-

rière. Au temps des croisades, ses flottes transportèrent les armées de Philippe-Auguste et de Saint-Louis, et ses galères participèrent à toutes les batailles navales livrées par la France. Elle chassa Charles-Quint de ses murs et força la puissante armée de cet empereur d'Allemagne à repasser le Var et les Alpes. Au point de vue des lettres, elle fut appelée *l'Athènes des Gaules*, et toute l'aristocratie de Rome et de l'Italie vint s'instruire dans ses écoles. Jalouse de sa liberté et de ses franchises municipales, elle combattit sans cesse pour le droit et l'indépendance. Grâce à son travail et aux ressources que lui procurait son commerce immense, elle put dans les temps néfastes reconstruire ses remparts et réparer les ruines dont les conquérants et la guerre avaient couvert son sol. Les arts, les sciences et la politique eurent, avec les lettres, une large place dans cette cité qui donna le jour à une véritable pléiade d'hommes illustres, nouveaux rayons ajoutés à la gloire de la France.

Pour la clarté du récit qui va suivre, il nous a paru qu'il ne serait pas inutile de reproduire ici la configuration de Marseille en 1720. Son enceinte aux murs noircis commençait au fort Saint-Jean, œuvre de Louis XIV, passait par l'esplanade de la *Tourrette*, monument soutenu par trois tours ro-

maines datant de Jules César. A l'angle de ces
murailles se dressait l'église de la Major, dont la
mer venait baigner les assises et qui fut construite
sur les ruines du temple de *Diane syriaque*, divinité
des Phocéens. De là les remparts se rattachaient à
la porte de la *Joliette*, ainsi nommée d'après Jules
César, passaient par la tour Sainte-Paule, noble
souvenir du dévouement des femmes de Marseille
qui défendirent héroïquement leur cité. La porte
d'Aix, suite naturelle de l'enceinte, protégeait
quelques aqueducs municipaux du moyen âge, et
se reliait à la porte des *Fénéants* (plus tard des
Feuillants) où les vieux bourgeois marseillais
venaient s'étendre à l'ombre des arbres, derniers
vestiges de la pinède de Bernard-du-Bois. Sur la
droite, la porte d'Aubagne, voisine de l'Arsenal ; les
murs à tourelles et percés de meurtrières longeaient
la rue *Sainte*, où fut martyrisé saint Victor, pour
venir se souder à l'antique abbaye de ce nom. L'enceinte de Marseille prenait fin devant le monument
dû à saint Cassien : véritable forteresse aux tours
noires et carrées du vii⁰ et du viii⁰ siècle. Ses man-
gonneaux avaient lancé les traits et les pierres sur
les Sarrazins et, de ses meurtrières, les moines-sol-
dats avaient fait pleuvoir sur les assiégeants la poix
brûlante et les javelots de leurs arbalètes. Nous

verrons, par la suite, combien cet ordre monastique avait perdu de ses antiques vertus et comment ses membres, se retranchant derrière les hautes murailles de leur citadelle, donnèrent à toute une population frappée par la contagion le spectacle peu édifiant pour des religieux de l'oubli absolu de la charité chrétienne, de l'égoïsme le plus vil et de la couardise la plus basse.

Le printemps, ce premier sourire de la nature, venait de faire son apparition. Les arbres frissonnaient sous la sève montante, l'air était embaumé du parfum des fleurs et le ciel, d'un bleu intense, se mirait dans les flots argentés de la Méditerranée. Marseille s'éveillait au souvenir des fêtes qui avaient signalé le passage de Mme de Valois, mariée au prince de Modène.

Sur le quai se balançaient, gracieuses, les galères encore décorées de guirlandes de roses et de feuillage, chargées de musiciens, que le Chevalier d'Orléans, de retour de Gênes où il avait conduit sa sœur, avait ramenées à leur point de départ. Les navires étaient pavoisés de drapeaux de toutes couleurs et ce spectacle, véritable plaisir des yeux, joie de tout un peuple, était loin de laisser soupçonner à la superbe cité un lendemain aussi épouvantable que celui qui l'attendait. Jamais contraste ne fut plus saisissant, car ce fut en effet sous un ciel sans nuage, se reflétant dans une mer d'azur, qu'on aperçut à l'horizon, semblable à un oiseau de proie aux ailes éployées prêt à s'abattre sur sa victime, un grand vaisseau à la carène noire, à la marche sinistre et silencieuse et que semblait diriger un génie malfaisant. C'était le *Grand-Saint-Antoine*, capitaine *Château*, qui revenait de Seide et des côtes de Syrie avec un chargement de balles de soie contenant les germes de la terrible épidémie qui devait ravager Marseille : *La peste*.

Qu'est-ce que la peste ? mot vague, par lequel on désignait toutes les épidémies dont les effets foudroyants décimaient les populations, malgré les médecins et leur science impuissante. Cependant, suivant les pays et les circonstances, la peste changeait de nom. La dénomination la plus ancienne est celle de *Feu sacré*, probablement parce que, de tout temps, les hommes ont attribué à des causes surnaturelles les maladies extraordinaires dont ils étaient frappés. Virgile, dans ses Géorgiques, se sert de ce terme en parlant de la peste des animaux. Celse et Gallien l'employèrent plus tard pour désigner une sorte d'érysipèle qui, de nos jours encore, fait de nombreuses victimes. Thucydide[1]

---

1 THUCYDIDE, liv. II, chap. 48.

a tracé de ce genre de peste un tableau terrifiant. Sigebert, en 1089, écrit que la peste ou *Feu sacré* fait des ravages épouvantables en Lorraine.

La dénomination de *Feu saint-Antoine*, sous laquelle on a également désigné la peste, vient simplement d'une confrérie religieuse à laquelle le pape Urbain II donna la mission de soigner les pestiférés.

Connue également sous le nom de *Mal des ardents*, la peste ne dut cette appellation qu'à la nature du mal lui-même, feu intérieur qui consumait les corps contaminés.

Il s'est établi une légende qui veut que la *première* peste soit originaire de l'Égypte. Rien n'est plus faux que cette supposition. La vérité est que cette maladie n'est pas plus spéciale à un pays qu'à un autre. Ce sont particulièrement les terrains incultes, couverts d'eaux croupissantes, de cadavres infects, de détritus en décomposition, qui contiennent les germes de la peste. Si la chaleur du climat survient et amène une fermentation intense dans ces foyers de corruption, il s'en dégage des exhalaisons putrides ; l'air en est saturé, et tout ce qui se trouve sous l'influence de ces gaz délétères en est imprégné et en conserve les principes contagieux. Si cet état de choses est exclusivement propre aux pays sauvages, ou peu civilisés et couverts de marais, la mise en culture de ces pays, en faisant disparaître la cause du mal, supprimera le mal lui-même.

La peste fut d'abord endémique ; elle ne se propagea ensuite que par les relations commerciales. Il n'est donc pas juste de dire, comme beaucoup d'historiens l'ont affirmé, que la peste eut l'Égypte pour berceau et que c'est de cette contrée qu'elle s'est répandue sur le reste du monde. Un seul fait suffirait à prouver le contraire.

Lorsque ce terrible fléau fit son apparition à Rome, sous Romulus, cette ville était encore loin de connaître le commerce et la navigation et ne pouvait avoir, par conséquent, aucune relation avec l'Égypte[1]. Ses habitants ne sortaient de leur petit territoire que pour ravager les pays de leurs voisins et ils ne se doutaient probablement pas qu'il existât d'autres peuples hors du *Latium*. Plus tard, lorsque la peste reparut à Rome sous le règne de Numa, puis sous celui de Tullus Hostilius, on ne put, pas plus que précédemment, accuser les Égyptiens de l'y avoir apportée, car l'Égypte était alors en pleine civilisation. Ses terres très fertiles, arrosées par de

[1] Voir PLUTARQUE, V. de Rome et DENYS d'Halicarnasse 1 et 2.

PLAN DE MARSEILLE EN 1730, PAR DEFER

(page 69).

nombreux canaux, avaient répandu le bien-être partout et les lois de l'hygiène étaient observées dans toutes les classes de la société. Ce ne pouvait donc être qu'une supposition mal fondée qui attribuait, à cette partie de l'Orient, l'origine d'un mal commun aux autres pays.

La seconde apparition de la peste à Rome fut due à l'insouciance des habitants pour la propreté la plus élémentaire, aussi bien relativement à leurs personnes qu'à leurs habitations, aux rues et aux places publiques. Les terres incultes, les marais aux eaux stagnantes, l'état de guerre continuel dans lequel ils vivaient, qui semait de cadavres en putréfaction les champs et les routes, étaient autant de causes pestilentielles assez violentes pour qu'on n'allât pas en chercher ailleurs.

Trogue-Pompée, Gaulois d'origine[1], qui vivait avant l'ère chrétienne, fit une histoire universelle où les faits les plus mémorables sont mentionnés. Parlant de la Gaule, il n'indique nulle part que la peste ait sévi dans ce pays. Justin, son commentateur exact et fidèle, nous a laissé de cette histoire un résumé très complet dans lequel il ne parle pas non plus de cette étrange maladie. C'est qu'évidem-

---

[1] Il était du pays des *Voconces*, dont *Vasio*, aujourd'hui *Vaison*, dans l'ancien comtat Venaissin, était la capitale.

ment la peste n'était pas encore connue dans les
Gaules à cette époque, et que l'on doit y considérer
comme la plus ancienne l'épidémie constatée chez
nous quelques années avant l'ère chrétienne.

Antérieurement à cette date, on pouvait porter à
cinquante le nombre des pestes qui s'étaient répandues dans le reste du monde connu. Après le
IVe siècle, le midi de l'Europe, sous l'effet des guerres
intestines ou étrangères et de l'envahissement des
barbares, fut dévasté, pillé et tomba dans une profonde misère. Les terres ne furent plus cultivées,
elles se couvrirent de marécages, de cloaques infects.
La détresse était si grande que le peuple en était
réduit à manger du poisson salé, les bestiaux ayant
été emportés ou détruits. Dans les villes comme à
la campagne, partout où le fer et le feu des barbares
avaient passé, on ne reconstruisit les maisons
qu'avec une parcimonie que justifiait la misère
publique. Petites, sans air, dans des rues étroites
où la lumière ne pouvait pénétrer, sales et souillées
d'ordures, ces habitations devaient fatalement engen-
drer et entretenir la corruption.

En Égypte comme en Europe, les mêmes causes
devaient produire les mêmes effets. Après la chute
de l'empire d'Occident, les peuples retombèrent dans
un état voisin de la barbarie. La domination des

Musulmans en Égypte fit perdre à ses habitants le bénéfice de leur civilisation antérieure et relativement avancée. Les Arabes ravagèrent ce magnifique pays, le couvrant de ruines et le réduisant à la détresse. La plupart des réservoirs et des canaux d'irrigation furent comblés, les monuments détruits ; le peuple affolé, puis abruti par les mauvais traitements, abandonna la culture des terres qui, privées des eaux du Nil, devinrent stériles, se couvrirent de marais, où les insectes, les reptiles venimeux et toute une vermine, sous l'action de la chaleur, formèrent un foyer pestilentiel dont les Égyptiens furent les premières victimes. La barbarie, dans laquelle les avait rejetés l'invasion musulmane, les rendit impuissants à restituer à leur pays la richesse et le rang qui en avaient fait l'école de la civilisation des autres peuples. Ce ne fut donc qu'à partir de cette époque que la peste, endémique chez les Égyptiens, se répandit dans les divers États de l'Orient et de l'Europe.

Toutes les pestes n'eurent pas le même degré d'intensité et de durée. Il nous a paru inutile de donner ici une chronologie complète des accès du fléau ; nous nous sommes borné à mentionner ceux qui sont le plus connus et dont l'histoire s'est particulièrement occupée.

Le premier et le plus important parmi ceux-ci fut la peste d'Athènes, qui éclata l'an 331 avant Jésus-Christ et dont Thucydide fit une description si curieuse. Sortie de l'Éthiopie, elle parcourut la Lybie, l'Égypte, une partie de la Perse, Lemnos, et pénétra à Athènes par le Pyrée. Ce mal nouveau, inconnu des médecins, fut traité par eux sans défiance ; ils en furent d'ailleurs presque tous victimes. Il mettait en défaut les règles de l'art et les leçons de l'expérience. Lucrèce semblait avoir perdu tout espoir, quand il disait :

« Le même remède qui rend aux uns la faculté de respirer librement et de contempler le spectacle des cieux est nuisible aux autres et leur donne la mort[1] ».

Hippocrate lui-même dut avouer la difficulté qui déroutait son esprit observateur et sa grande expérience. La maladie trompant son art et son zèle lui fit dire que la peste était *un mal divin*, c'est-à-dire qu'ayant sa source dans la vengeance des dieux, il ne pouvait pas être donné à l'homme de le soumettre aux règles de la médecine.

Ce fut cette mémorable peste qui, au dire de l'abbé Barthélemy[2], provoqua la réponse suivante

---

[1] Lucrèce, 1-6.
[2] Barthélemy, *Voyage du jeune Anacharsis*, t. 1, p. 316

d'Hippocrate à Artaxerxès, roi des Perses, qui avait voulu l'attirer dans ses États pour y soigner ses sujets atteints de la contagion :

« Je n'ai ni besoins, ni désirs, et je me dois aux Grecs plutôt qu'à leurs ennemis. »

La peste de Constantinople, décrite par Procope et Evagre, fut une des plus terribles dont l'histoire fasse mention. Bien qu'elle soit désignée sous le nom de la ville où elle parut d'abord, elle se répandit au loin et dura depuis l'an 542 de l'ère chrétienne jusqu'à la fin du siècle, avec des alternatives d'accalmie et d'effervescence, et dépeupla tous les pays connus. Elle confondait tous les raisonnements et déliait tous les remèdes. Les secours de l'art devenaient inutiles, car les mêmes préparations médicales soulageaient ou donnaient la mort, alors que des pestiférés privés de soins guérissaient quelquefois contre toute attente.

En 1347, apparut une peste à laquelle quelques auteurs assignèrent comme point de départ la région de Kattay, au nord de la Chine. De là, elle envahit l'Inde, parcourut la Turquie d'Asie et d'Europe, pénétra en Égypte, puis en Sicile, se montra à Pise, à Gênes et ensuite dans l'Italie tout entière. Passant au pays des Grisons, elle franchit les Alpes, désola la Savoie, la Bourgogne, le Dauphiné, la

Provence, le Languedoc et l'Espagne. Le peuple, affolé de terreur, dénomma ce fléau : *Peste noire*.

Après avoir ravagé l'Angleterre, l'Écosse, l'Irlande, elle passa en Allemagne, en Hongrie, en Danemarck, sans épargner aucun pays du nord de l'Europe, et, revenant en arrière, elle rentra en France. Paris en connut toutes les horreurs et sa population fut diminuée de quarante mille habitants en deux mois. Reprenant sa marche vers le sud, la *Peste noire* se répandit dans le comtat Venaissin. Ses victimes y furent si nombreuses que l'on cite comme exemple la Chartreuse de Montrieux, en Provence, qui, sur trente-cinq religieux qu'elle comptait, en perdit trente-quatre. Le seul survivant à cette hécatombe humaine fut le frère de Pétrarque, Gérard, qui, après avoir enterré toute la confrérie des chartreux de Montrieux, vécut encore de nombreuses années. On attribue sa préservation miraculeuse à la précaution qu'il prenait de laver les cadavres avec du vinaigre et de les enterrer nus. Ceci tendrait à prouver que la propagation de la maladie se fait surtout par les vêtements et qu'il suffit, pour en atténuer les effets, que les cadavres soient enterrés nus, la mort ne conservant pas au corps les principes contagieux. Divers auteurs, qui ont écrit sur la peste, prétendent

que le proverbe : *Morte la bête, mort le venin*, n'a
pas d'autre origine. On a estimé les pertes du comtat Venaissin, à cette époque, à cent cinquante mille
morts, et Villani assure que la peste noire emporta
les quatre cinquièmes des habitants de l'Europe.

La *Peste de Milan*, en 1629, dont le médecin
Tadino a écrit l'histoire, est trop connue pour que
j'en fasse un nouveau récit. Personne n'ignore
qu'elle y fut amenée par l'armée autrichienne, qui
l'avait contractée dans les Flandres, et qui venait
dans le Milanais pour appuyer les droits du duc de
Savoie sur Mantoue: droits revendiqués par Charles,
duc de Nevers, soutenu par la France. La peste de
Milan, au dire des historiens, fit, de 1629 à 1630,
cent soixante mille victimes.

Lyon avait trop de relations avec l'Italie pour
échapper aux conséquences de sa proximité. D'après
Grillot et Sénac, qui ont écrit tous deux une histoire de la peste de Lyon, elle pénétra dans cette
ville vers la fin de septembre 1628 pour disparaître
au commencement d'octobre 1629. Dans l'espace de
douze mois, elle emporta soixante-dix mille habitants.

Les pestes de Montpellier et de Toulouse, en 1629,
éclatèrent en pleine guerre civile et firent plus pour
la paix que les victoires des troupes royales. Car,

dès que Louis XIII et le cardinal de Richelieu eurent connaissance des effets de la contagion, ils s'enfuirent précipitamment des lieux infestés. L'armée en fit autant, et les calvinistes, atteints comme les autres, ne songèrent plus qu'à passer dans les provinces voisines ou à se soigner, abandonnant épées et mousquets pour se mettre en lieu sûr. En cinq mois, Montpellier, malgré sa Faculté et ses médecins si vantés, perdit la moitié de sa population restée en ville, c'est-à-dire quatre à cinq mille âmes sur dix. Digne, plus éprouvée encore, ne conserva que quinze cents habitants sur dix mille qu'elle possédait avant la contagion.

Avec l'année 1720, nous arrivons à la mémorable peste de Marseille, dont l'histoire nous a rapporté les horreurs et les épouvantes, comme les dévouements sublimes. Nous y retrouvons notre héros, le chevalier Roze, donnant de nouveaux témoignages de son inépuisable charité et de son courage à toute épreuve au milieu même de ses concitoyens, où sa mémoire, après deux siècles d'intervalle, n'a fait que grandir, comme le plus bel exemple de dévouement qu'on puisse offrir à l'humanité.

V

La peste dont Marseille allait être frappée ne pouvait pas être considérée par ses habitants et par les autorités préposées à la santé publique comme une épidémie inconnue, car, au dire des historiens, c'était la dix-huitième fois depuis l'ère chrétienne que ce terrible fléau était venu l'éprouver.

Il est certain qu'une application plus sévère de la police sanitaire alors existante eût suffi pour arrêter le fléau, en dépit de l'opinion de Saint-Simon qui, dans ses mémoires [1], attribue à Law, qu'il n'aimait pas, une grande part de responsabilité

[1] SAINT-SIMON, *Mémoires*. Édit. Deloye, t. 34, p.145.

dans les malheurs qui accablèrent Marseille à cette
époque.

« Le célèbre agioteur, dit-il, avait obtenu depuis
quelque temps, par des raisons de commerce, que
Marseille fut déclarée port franc ; cette franchise
qui y fit abonder les vaisseaux, surtout les bâtiments
du Levant, y apporta la peste faute de précautions,
qui dura longtemps et qui désola, non-seulement
Marseille, mais la Provence et les provinces les plus
voisines. Les soins et les précautions qu'on prit la
restreignirent autant qu'il fut possible, mais ne l'em-
pêchèrent pas de durer fort longtemps, et de faire
d'affreux désordres ».

Comme nous le disions plus haut, il ne faut voir
dans cette appréciation de Saint-Simon qu'une
méchanceté voulue envers Law, une boutade
d'homme aigri, car le nombre plus ou moins considérable de vaisseaux entrant dans un port ne peut
influencer en rien la santé publique, quand les
mesures sanitaires sont appliquées avec une vigilante sévérité.

Marseille, qui avait eu si souvent à subir les effets
épouvantables de la peste, aurait facilement pu les
conjurer en cette circonstance.

Un relâchement dans la discipline des intendants
de la santé, un penchant à n'entraver en rien la

liberté commerciale et, par de coupables complaisances, à ne laisser perdre aucun des bénéfices que peuvent procurer des marchandises qui, venues de lieux contaminés, devaient pour ce seul motif être frappées d'interdiction, sont les causes réelles auxquelles il faut attribuer la peste de Marseille en 1720.

Dans les pays où la peste existe pour ainsi dire à l'état endémique, la température élevée adoucit en quelque sorte le feu de la maladie, par une transpiration abondante qui permet aux ouvriers des ports ou des manutentions industrielles et commerciales de travailler sans souffrir davantage. Les marchandises manipulées par ces ouvriers en sueur sont imprégnées de principes morbides et contagieux, et c'est de cette façon que la cargaison de laine et de soie apportée par le Grand-Saint-Antoine avait dû être infectée. Les intendants de la santé, qui ne pouvaient ignorer que la contagion se propage par les étoffes, les hardes, les marchandises, avaient appris que la peste ravageait les côtes de Syrie. Ils avaient donc le devoir, malgré la patente nette délivrée à Tripoli et à Chypre au capitaine Château, de refuser l'entrée, même dans les infirmeries, d'une cargaison contaminée. Il n'en fut rien, et ils s'excusèrent plus tard, en invoquant pour leur justification que le

Grand-Saint-Antoine était arrivé avec des papiers en règle et une patente nette[1].

Cependant, même en admettant de si faibles excuses, les déclarations du capitaine Château, concernant l'état de santé de son équipage pendant la traversée, auraient dû les faire revenir sur leur première détermination.

En effet, le capitaine Château déclara qu'il avait été forcé de prendre quelques Turcs à Tripoli pour les passer à Chypre, que l'un d'eux était tombé malade et était mort deux jours après, que les matelots chargés de jeter son cadavre à la mer avaient été frappés de mort, que deux autres les avaient suivis et que le chirurgien qui les avait traités avait eu le même sort. Le capitaine, saisi de frayeur, n'avait pas tardé à se séparer de l'équipage ; il s'était retiré dans sa cabine d'où il donnait ses ordres pour la direction du navire qui s'avançait vers les côtes de Provence. Le surlendemain, trois autres matelots tombés malades étaient morts. Château résolut de relâcher à Livourne, où les médecins déclarèrent qu'ils avaient été emportés par une fièvre maligne *pestilentielle*.

---

[1] Déclaration délivrée aux navires dont l'équipage est sain, et qui porte l'attestation que le pays où elle a été donnée n'est pas atteint d'épidémies.

Il remit à la voile et arriva à Marseille le 25 mai.

Cette déclaration, où le mot *pestilentielle* impliquait la contagion, était assez grave pour faire naître tout au moins un soupçon dans l'esprit des intendants de la santé. Ces morts successives et comme foudroyantes, alors même que le nom de peste n'était pas prononcé par Château, devaient motiver une enquête sérieuse qui, mieux que leur spécieux prétexte, aurait mis leur responsabilité à couvert.

Le 27 mai, un matelot du Grand-Saint-Antoine, qui effectuait le débarquement des marchandises, meurt brusquement comme les précédents. Examiné par Guérard, premier chirurgien de la santé, il est déclaré n'avoir aucune marque de contagion. Cet aveuglement devait aller plus loin. Le 31 mai, la barque du capitaine Aillaud, venant de Seyde, la corvette du capitaine Fouque, d'Alexandrie, puis le 17 juin, le trois-mâts du capitaine Gabriel, arrivent au Frioul avec *patente brute*, c'est-à-dire venant de pays contaminés. Ils n'en furent pas moins traités avec l'indulgence la plus coupable. Le 23, un mousse et deux hommes employés à la *purge* des marchandises, moururent coup sur coup. Le même Guérard, soit qu'il n'eût pas l'expérience nécessaire pour distinguer les caractères de la maladie et la iagnostiquer d'une façon précise, soit qu'il fût d'accord avec les armateurs pour cacher l'état réel des choses, déclara qu'il n'y avait là que des accidents produits par la fièvre. D'ailleurs il paya peu de temps après, soit son ignorance, soit sa duplicité, car il mourut, ainsi que toute sa famille, victime de la contagion.

Cependant ces morts sucessives, et surtout celle de Guérard, firent impression sur les intendants, qui décidèrent de faire enterrer tous ces cadavres dans la chaux vive, et d'envoyer à l'île de Jarre, pour y recommencer une nouvelle quarantaine[1], tous les navires suspects. Quoique tardives, ces mesures étaient excellentes et auraient peut-être arrêté le mal si, par une aberration d'esprit que l'on ne peut expliquer, elles n'avaient été suivies de nouvelles dispositions qui, non-seulement annulèrent l'effet des premières, mais furent le point de départ du développement de l'épidémie dans la ville. Un arrêté rendu en faveur des passagers de ces divers navires leur permit, après dix-neuf jours seulement de quarantaine et une fumigation plus ou moins bien faite de leurs vêtements et bagages, de débarquer à Marseille ; les conséquences ne se firent pas attendre.

L'année 1719, par une malheureuse coïncidence,

---

[1] Tout navire, dont la cargaison ou l'équipage est déclaré suspect d'épidémie, est envoyé dans une île, où il doit rester en surveillance pendant quarante jours, d'où le mot quarantaine.

LA PESTE DE 1720 A MARSEILLE
Le quai en face de l'Hôtel-de-Ville.

avait pour ainsi dire préparé le terrain à la propagation de la peste. Au manque de récoltes, amenant une alimentation incomplète et malsaine, succédèrent de grandes chaleurs qui, dans les vieux quartiers de la ville, devaient développer facilement les foyers d'infection. Ce fut au centre d'une population ouvrière mal nourrie, entassée dans des maisons sans air et sans lumière, dans des rues étroites, malpropres, véritables égouts à ciel ouvert, que les premiers cas de peste bubonique furent constatés.

Deux médecins de Marseille, les *Peyssonel*, père et fils, donnèrent aux échevins le premier avertissement.

Ceux-ci, dans la crainte d'alarmer la population et pour suivre les conseils venus de Paris, tinrent la chose secrète et se bornèrent à prendre quelques mesures de prudence, malheureusement insignifiantes et qui ne pouvaient en aucune façon arrêter la marche de l'épidémie.

Il est certain qu'en présence d'une maladie qui bouleverse l'imagination des hommes, les épouvante et leur inspire une terreur plus meurtrière que la maladie elle-même, les sages conseils que d'Aguesseau adressa aux échevins devaient, s'ils avaient pu être écoutés, amener dans les esprits un calme relatif et empêcher la fuite de gens appelés par leur situation à rendre de grands services à leurs semblables, dans une circonstance pareille.

« Le bien public demande, disait d'Aguesseau, que l'on persuade au peuple que la peste n'est point contagieuse et que le ministère se conduise comme s'il était persuadé du contraire ».

Chirac, médecin du Régent, adressa aux échevins un mémoire conçu dans le même esprit, et que d'autres docteurs n'ont blâmé que parce qu'ils n'envisageaient eux-mêmes qu'une face de la terrible question. Persuadés du bon effet que produiraient les judicieux avis de d'Aguesseau et du médecin Chirac, les échevins résolurent de recommander à tous ceux qui soignaient les malades, la plus grande discrétion touchant les cas de contagion. Comme nous venons de le dire, ces avis étaient très sages, mais on aurait dû les compléter par des mesures énergiques capables d'enrayer l'épidémie. Une accalmie qui se produisit dans les décès sembla leur donner raison. Hélas ! elle ne fut que de courte durée et précéda une recrudescence de la maladie accompagnée d'une mortalité que l'on essaya de dissimuler en faisant les enterrements de nuit. Mais, en présence du grand nombre de morts, l'emploi de ce moyen fut jugé insuffisant. Sur ces entrefaites, un désaccord se manifesta entre les médecins et les autorités de la ville. Peyssonel fils et Sicard, médecins, qui pensaient que l'on ne devait pas cacher la vérité au peuple, furent les premiers à affirmer publiquement, par leurs écrits et leurs paroles, la contagion de la peste, croyant par ce moyen y soustraire un plus grand nombre de victimes. Certes, leur intention était bonne, mais le résultat de cette divulgation fut absolument contraire à leur attente, car, sur cet avis, tous les gens riches ou aisés, tous ceux qui exerçaient un métier ou une industrie, s'enfuirent aussitôt, privant ainsi toute la cité de leur concours, de leur travail, de leurs lumières et de leur fortune. A la suite de cette émigration en masse, le Lazaret se trouva sans intendants, les hospices sans économes, les tribunaux sans juges, l'impôt sans percepteurs. Plus de pourvoyeurs ni d'officiers de police ; les notaires, les sages-femmes, la plupart des membres du clergé et les ouvriers indispensables à l'existence d'une grande ville, tous avaient fui le fléau. Les rues étaient désertes, les boutiques fermées, les églises closes. Dans le port, tous les vaisseaux et bâtiments de commerce avaient reçu l'ordre de s'amarrer au large ; les galères avaient été retirées du quai et enfermées dans une estacade du côté de l'arsenal, où les ponts étaient levés et de hautes barrières posées. La ville paraissait abandonnée ; seuls, le marquis de Pilles et les échevins restèrent à leur poste, en face d'une populace qui, réduite à la misère, se montra menaçante et prête à se livrer aux pires excès si on ne lui donnait pas du pain. La situation, déjà grave, prit des proportions dangereuses pour la paix publique lorsque survint l'arrêt du parlement d'Aix[1], traçant une ligne de démarcation qui enfermait Marseille et son territoire dans un cercle gardé par la troupe et que nul ne pouvait franchir sous peine de mort. Cette mesure prise plus tôt aurait empêché l'émigration de la fraction de la population apte à rendre des services ; à ce moment, non-seulement elle fut inutile sous ce rapport, mais encore nuisible sous tous les autres. Elle porta l'exaspération des habitants au plus haut degré, car Marseille, isolée et ne pouvant recevoir aucun secours, devait être livrée à la famine. La caisse municipale, par ces temps si troublés, ne contenait que onze cents livres, qui furent employées de suite en achats de vin et de farine pour parer aux besoins les plus pressants.

Cependant la contagion augmentait tous les jours.

---

[1] 2 juillet 1720.

Après la mort d'un jeune homme nommé Scalenc,
place de Lenche, il fut résolu que sa demeure serait
murée au ciment ; mais le nombre des morts pre-
nant de trop grandes proportions, on dut abandonner cette mesure, ainsi que celle qui consistait à
placer des factionnaires à la porte des immeubles
frappés. On se borna, par la suite, à en mettre aux
extrémités des rues contaminées ; ils avaient pour
consigne d'en interdire l'accès à tous autres qu'aux
médecins. C'est à ce moment que Sicard, médecin
de la ville, vint proposer aux échevins un moyen,
jadis préconisé par Hippocrate, de purifier l'air et
de faire cesser la peste. Il consistait à placer de
distance en distance, tout le long des murs de la
ville, sur le Cours, les places publiques, carrefours
et rues, une certaine quantité de bois, sarments et
fagots, et à y mettre le feu à l'entrée de la nuit.
Dans des temps moins troublés, cette proposition
aurait pu paraître excentrique ou tout au moins
inopportune, car il était à prévoir que la chaleur
qui se dégagerait de tous ces foyers, jointe à une
température très élevée[1], ne pourrait qu'amener
une recrudescence de la maladie, à laquelle on
fournissait ainsi un principe naturel de développement. Pourtant, quelque étrange que fût le remède,

[1] Ceci se passait le 2 août.

il fut accepté sans discussion, donnant ainsi la mesure de l'état d'affolement dans lequel étaient tombés les esprits les plus calmes et les mieux intentionnés. Le lendemain, le peuple assista à un spectacle magnifique. Marseille, entourée d'une ceinture de feu, ses places et rues illuminées, envoyant au ciel des gerbes de flammes et d'étincelles, sembla revenue aux belles soirées où les immenses *pégoulades* terminaient une fête. Il est évident que, si elle eût pu guérir par ce procédé, on en eût difficilement trouvé un plus réjouissant et plus agréable pour les yeux. Malheureusement, ce qui était à prévoir arriva. Loin de faire disparaître l'épidémie, cet embrasement général de la ville, déjà surchauffée par l'accablante température de la canicule, augmenta le nombre des décès.

Effrayé, le Conseil de ville s'assembla, présidé par le marquis de Pilles, et après en avoir délibéré prit les mesures suivantes [1] :

« 1° Attendu que le nombre des malades augmente de plus en plus, surtout à la rue de Lescalle, il sera mis un corps de garde à chaque avenue de cette rue pour empêcher que personne n'y entre ni en sorte

[1] Journal de Pichatty de Croissainte, Conseil de la communauté et procureur du roi.

et qu'il sera établi à cet effet des *commis étapiers*
pour aller distribuer des vivres aux familles qui s'y
trouvent habitées;

« 2° Que tous les capitaines de ville mettront chacun sur pied une compagnie de cinquante hommes
de milice à la solde de la ville et que cependant
les cinq brigades du privilège du vin avec leurs
officiers serviront partout d'escorte à messieurs les
échevins, aux expéditions qu'ils vont faire la nuit
pour enlever les morts et les malades et les transporter aux infirmeries;

« 3° Que, pour que les médecins et les chirurgiens
déjà employez servent avec plus d'ardeur et qu'ils
n'exigent rien des malades, ils seront aux gages
de la ville, qu'on leur donnera des sarrots de toile
cirée et des chaises à porteurs, afin qu'il puissent
plus facilement aller partout;

« 4° Qu'attendu que la communauté n'a point d'argent, et qu'il en faut indispensablement, on mettra
des affiches d'emprunt à l'intérêt au denier vingt,
pour tenter par là d'en avoir, et que le trésorier
ne pouvant venir rester dans l'Hôtel de Ville, le
sieur Bouys, premier commis des archives, y sera
établi caissier pour faire les payements journa-
liers. »

L'intention des échevins était certes louable, mais

ne répondait nullement aux besoins pressants d'une
population affamée. Le 3 août, la populace se
porta en masse vers l'Hôtel de Ville, réclamant du
pain. Les rares boulangers qui restaient, n'ayant
plus de farine, ne pouvaient plus satisfaire aux exigences de la consommation journalière. M. de Pilles
en fit prendre dans une réserve et calma ainsi provisoirement l'hostilité de la foule. Le lendemain,
les officiers de la garnison casernée au fort Saint-
Jean firent savoir aux échevins que le blé leur
manquait et qu'ils les priaient de leur en fournir,
faute de quoi ils ne répondaient pas de leurs
troupes qui pourraient descendre en ville et en
prendre de vive force. Les échevins répliquèrent que,
quoiqu'ils ne fussent pas chargés de l'approvision-
nement de la garnison, ils lui céderaient volontiers
du blé, s'ils en avaient suffisamment, mais, vu
l'état de disette dans lequel on se trouvait, ils se
voyaient à leur grand regret obligés de refuser ; et
que dans le cas où l'armée voudrait violenter les
habitants, on les trouverait à leur tête pour les
défendre.

C'était là un des premiers effets de l'arrêt du parlement interdisant toute communication avec Marseille. Cette situation ne pouvait se prolonger sans
danger. La ville se trouvait entre une révolution

et la famine. Après en avoir délibéré, le conseil décida d'adresser d'urgence, à M. le premier président du parlement de Provence, une demande pour obtenir des marchés sur des emplacements à désigner, où les étrangers pourraient, sans être exposés à contracter l'épidémie, apporter des subsistances. Tous les procureurs de la province furent priés d'y concourir. Un appel pressant fut aussi adressé au Régent pour obtenir des secours en argent, des médecins et des médicaments.

Le 7 août, la chambre des vacations, après avoir examiné la demande des échevins de Marseille, autorisa les procureurs du pays à se rendre à la conférence sollicitée par les autorités de la malheureuse cité. Le rendez-vous fut fixé sur le chemin d'Aix, à un endroit appelé *Notre-Dame*, à deux lieues de Marseille. M. le marquis de Vauvenargues, premier procureur, y vint, accompagné de plusieurs gentilshommes et des principaux officiers de la province, escorté des gardes de M. le maréchal de Villars et d'une brigade des archers de la maréchaussée. La situation dans laquelle se trouvait Marseille ne lui permettait pas d'entourer son délégué d'un tel déploiement de faste. M. *Estelle*, premier échevin, s'y rendit sans suite, accompagné seulement du sieur *Capus*, archiviste de la ville, pour lui servir

7

de secrétaire. Après qu'ils se furent arrêtés à une assez grande distance les uns des autres, il fut convenu qu'un marché, avec barrières et gardes, serait établi sur les lieux mêmes où se tenait la conférence, un autre sur le chemin d'Aubagne à deux lieues de Marseille et, pour ravitailler les vaisseaux, barques et bâtiments de toute sorte sur lesquels beaucoup d'habitants s'étaient réfugiés, un dernier à une anse appelée Lestaque, dans le golfe de Marseille.

A l'issue de l'entrevue, le conseil s'assembla pour délibérer sur quelques mesures de police. Les échevins Estelle et Moustiers, surmenés par un travail incessant, trouvèrent dans leurs collègues, Audimart et Dieudé, le concours le plus dévoué et l'on décide [1] :

« 1° Qu'on se servira de tombereaux pour enlever les morts; qu'on se saisira de tous les gueux les plus vigoureux qu'on trouvera pour servir de *Corbeaux* [2], qu'on préposera quatre lieutenants de santé pour les conduire et qu'on emploiera le sieur Bonnet, lieutenant de viguier, pour les commander;

« 2° Qu'on fera incessamment travailler à ouvrir de grandes et profondes fosses, hors les murs de la

[1] Journal de Pichatty de Croissainte.
[2] Enterre-morts.

ville, pour y enterrer les cadavres avec la chaux
vive ;

« et 3° Qu'on établira en toute diligence un hôpital
de peste. On jette d'abord les yeux sur celui de la
Charité, on s'y porte, mais la difficulté de loger
ailleurs plus de huit cents malheureux de tout sexe
qui s'y trouvent les réduit à prendre celui des
convalescents, qui est près des murs de la ville, du
côté de la porte Bernard-du-Bois. »

On nomma des commissaires dans tous les
quartiers. Leurs fonctions consistaient à veiller aux
besoins des pauvres, à leur distribuer du pain, du
vin, de la viande aux frais de la commune et à faire
tout ce que le bien et le salut public devaient exiger.

En présence de tant de misère, d'une immense
populace sans travail, sans frein et vouée à la
famine, du viguier et des quatre échevins surmenés,
d'une caisse municipale sans argent, un volontaire
s'élance de la foule et vient offrir ses services. Jeune
encore, sa figure belle et sympathique reflète une
âme généreuse et fait pressentir un homme d'action
à l'esprit inventif et résolu. C'est le chevalier Roze
qui, remis de ses campagnes, veut partager les
dangers que courent les courageux membres de la
municipalité, pour le soulagement de chacun et la
sécurité de tous.

Nommé commissaire général du quartier de Rive-Neuve, qui comprend toute la partie du port, depuis l'abbaye de Saint-Victor jusqu'à l'arsenal, il s'empresse d'y établir à ses frais un immense hôpital, sous les voûtes de la Corderie, et le pourvoit de tout ce qui est nécessaire. L'expérience qu'il a acquise à Modon le met à même de rendre les plus grands services. Il fait ouvrir de vastes et profondes fosses du côté de l'abbaye, il réquisitionne tombereaux, corbeaux et portefaix, il dépense sa fortune sans compter et sans se préoccuper d'un remboursement, qui paraît cependant problématique. Il s'applique à faire nettoyer les rues, dont les ruisseaux sont abondamment pourvus d'eau courante. Dans les maisons des pestiférés, il fait brûler constamment des parfums à base de résine, d'encens et de soufre. Il assiste à l'enlèvement des cadavres, aidant le plus souvent les corbeaux, qu'il a fait habiller de sarrots en toile cirée pour les préserver de la contagion, alors que lui-même, négligeant toute précaution, va, vient, ordonne et campe au milieu des pestiférés, sans souci de sa propre existence. On dirait que la mort, qui fauche pauvres et riches, femmes, enfants et vieillards, veut respecter le chevalier Roze, comme un vivant exemple de courage, de charité et d'abnégation, au milieu d'une

population affolée, chez laquelle la raison impuissante
ne contient plus les passions qui s'étalent publiquement, où la lubricité n'a plus de limites, où la
lâcheté n'a d'égale que l'égoïsme.

Les sages dispositions qu'il sut prendre, les soins
assidus dont il entourait les malades, amenèrent
une accalmie. Mais ce temps d'arrêt opposé à la
marche du fléau ne fut constaté que dans le quartier
confié à sa garde. Partout ailleurs la contagion se
répandait avec une rapidité qu'aucun expédient
préventif ne pouvait enrayer. La mort ne cessait
pas de frapper ses victimes et, sous ses coups
répétés, le nombre des cadavres devint si grand que
l'on se trouva sans moyens suffisants pour les
enterrer. Les vieux quartiers de la ville en étaient
entièrement encombrés, les maisons en étaient
pleines et les malheureux malades se traînaient
hors de chez eux pour venir mourir dans les rues
et sur les places publiques transformées en véritables
charniers humains. Spectacle horrible où, dans une
promiscuité lamentable, se confondaient tous les
sexes, tous les âges, tordus dans les affres de l'agonie,
conservant dans la mort les épouvantes de la dernière heure et les empreintes de la suprême
douleur.

Sur le refus des curés d'ensevelir ces pestiférés

dans les caveaux des églises, les échevins rendirent un arrêt pour les forcer à ouvrir les portes de ces édifices. Sourds à cet ordre, ils furent privés de leurs traitements et durent assister à l'enfoncement de ces portes que leur manque de charité et leur couardise avaient laissées closes à la réprobation générale des habitants. Mais bientôt les caveaux diocésains furent trop petits pour contenir les morts. On en était arrivé à ne plus pouvoir les descendre par les escaliers ; on les jetait brutalement du haut des fenêtres dans la rue, où ils s'amoncelaient crevés, déformés, et répandant dans l'air une puanteur insupportable. Le Cours et les places publiques étaient encombrés de meubles, de hardes et d'objets sans nom qu'on y avait entassés dans les moments d'affolement, pour dégager les maisons et y être brûlés. Çà et là, sur des matelas souillés ou de la paille pourrie, enveloppés d'un drap qui sera demain leur suaire, des moribonds, qui se sont traînés jusque-là, laissent échapper des cris de douleur, des plaintes ou des imprécations. Des femmes mourantes allaitent leurs enfants, qui puisent dans le sein de leurs mères le germe de la maladie à laquelle ils doivent succomber. Et à toutes ces misères, à toutes ces horreurs, il faut ajouter les rigueurs d'une affreuse disette. De sorte que ceux

qui avaient échappé à la contagion ne pouvaient
éviter la famine, et chaque jour augmentaient de
leur contingent le nombre des décès.

Afin de parer à cet état de choses, les échevins renou-
vellent leur demande de secours au président du
parlement de Provence et décident de faire creuser
trois fosses de dix toises de long et de large et de
vingt-quatre pieds de profondeur, hors les murs,
entre la porte d'Aix et celle de la Joliette. Pour arriver à faire exécuter ce travail, M. Moustier est
obligé de se rendre sur les lieux afin d'y contraindre,
par sa présence, les paysans. Au bout de deux jours
les fosses sont prêtes, mais alors on ne trouve plus
assez de corbeaux pour charger les cadavres sur
les tombereaux. Ceux qui avaient été réquisitionnés
sont morts, ainsi que les forçats mis par le commandant des galères à la disposition de la municipalité.
Une nouvelle demande de forçats est adressée au
marquis de Rancé. Voici le procès-verbal de cette
décision, que nous trouvons dans les registres de
l'Hôtel de Ville.

« Ces jours, MM. les échevins protecteurs et
défenseurs des privilèges, libertés et immunités de
cette ville de Marseille, conseillers du roy, lieutenants généraux de police, étant assemblés en l'Hôtel
de Ville avec quelques officiers municipaux, le con-

seil orateur de la ville, procureur du roy, de la
police et autres notables citoyens, ayant considéré
que quoique le secours de deux cent soixante forçats, que messieurs du corps des galères ont eu la
bonté de leur accorder en différentes fois, pour ensevelir les cadavres depuis que la ville est affligée du
mal contagieux, les ait extrêmement aidés jusqu'à
présent, il est pourtant insuffisant pour la quantité
de plus de deux mille cadavres, qui restent actuel-
lement dans les rues depuis plusieurs jours, et qui
causent une infection générale.

« Il a été délibéré pour le salut de la ville de demander un plus grand secours, et à l'instant MM. les
échevins étant sortis en chaperon, accompagnés
de tous les susdits officiers municipaux et notables
citoyens, ont été en corps en l'hôtel de M. le chevalier de Rancé, lieutenant-général commandant
les galères de Sa Majesté, et lui ont représenté que
la ville lui a des obligations infinies des services
signalés qu'il a eu la bonté de leur rendre dans cette
calamité, mais n'est pas possible de la sauver, s'il
ne leur fait la grâce de leur accorder encore cent
forçats avec quatre officiers de sifflet (presque tous
ceux qui ont été précédemment accordés étant morts
ou malades); qu'ils s'en serviront si utilement que,
pour les faire travailler avec plus d'exactitude à la

Un convoi de cadavres entassés dans des tombereaux, descend d'une rue étroite et sombre et débouche sur le quai du port. L'escorte est composée des Echevins, des Corbeaux et du Chevalier Roze à cheval. Des forçats portant des torches éclairent la marche, surveillés par les officiers de Sifflets (page 131).

levée de tous ces cadavres, ils s'exposeront eux-
mêmes comme ils l'ont déjà fait, à se mettre à cheval en chaperon à la tête des tombereaux, et aller
avec eux par toute la ville. Que de plus, comme il
importe que leur autorité soit soutenue de la force,
dans un temps où il ne reste dans la ville qu'une
nombreuse populace qu'il faut contenir, pour empêcher tout tumulte et maintenir partout le bon ordre
ils le prient encore très instamment de vouloir bien
leur donner au moins quarante bons soldats de
galères sous leurs ordres, pour les suivre et empêcher en même temps l'évasion des forçats, qui ne
seront commandés que par eux. Qu'ils les diviseront
en quatre escouades, dont ils conduiront une chacun, et comme il faut qu'au moins l'un d'eux reste
toujours dans l'Hôtel de Ville pour les expéditions
des affaires, une des dites escouades sera conduite
et commandée par M. le chevalier Roze, et qu'en
cas d'empêchement de leur part, ils proposeront à
leur place des commissaires nommés, des plus dis-
tingués qu'ils pourront trouver, pour les conduire
et commander.

« Sur quoi, M. le chevalier de Rancé, assemblé
avec M. l'intendant et MM. les officiers généraux,
tous sensibles à l'état triste et déplorable de cette
grande et importante ville et étant bien aises d'accor-

der tout ce qui est nécessaire pour parvenir à la
sauver, ont eu la bonté d'accorder à MM. les échevins et à la communauté, encore cent forçats et
quarante soldats, y compris quatre caporaux avec
quatre officiers de sifflet, et étant nécessaire de
prendre ceux qui seront de bonne volonté et de les
attacher par la récompense à un service périlleux,
il a été déclaré et arrêté, qu'outre la nourriture, que
la communauté fournira, tant aux uns qu'aux
autres, il sera donné par jour, à chaque officier de
sifflet, dix livres, à chaque soldat, cinquante sols,
et après qu'il aura plu à Dieu de délivrer la ville de
ce mal, cent livres de gratification à une fois payer
à chacun de ceux qui se trouveront en vie. Et aux
caporaux cent sols par jour à chacun. Et en outre
une pension annuelle et viagère de cent livres à
ceux qui seront en vie, ayant cru ne pouvoir assez
les gratifier, pour un service aussi important et
aussi périlleux : ce que l'assemblée a accordé,
attendu le besoin pressant et la nécessité du temps.

« Délibéré à Marseille, le 6 septembre 1720.

Signé : Estelle, Audimard, Moustier, Dieudé,
échevins ; Pichatty de Croissainte, orateur,
procureur du Roy, et Capus, archivaire. »

Après avoir assuré l'avenir des soldats qui survivraient aux fonctions aussi pénibles que périlleuses pour lesquelles on les avait désignés, les échevins votèrent une somme de deux mille livres à payer annuellement et à perpétuité à la maison de charité établie sous le nom de *Protection de Notre-Dame de bon secours*, pour servir de retraite aux pauvres filles orphelines de la ville et du terroir.

A côté de ces échevins intrépides qu'on ne saurait trop louer, qui portèrent si haut le courage civil, et du chevalier Roze, que l'on trouvait partout où il y avait un danger à courir ou une misère à soulager, il faut placer l'évêque de Marseille.

De Belzunce de Castel-Moron (Henri-François-Xavier) était né au château de la Force, dans le Périgord, en 1671. Après être entré dans la *Compagnie de Jésus* en 1691, il fut nommé grand vicaire d'Agen et, en 1709, fut appelé au siège épiscopal de Marseille, où il devait s'immortaliser. Abandonné par une grande partie de son clergé, des chanoines et autres religieux qui avaient fui la contagion, l'évêque groupa autour de lui quelques curés moins poltrons et qui lui étaient restés fidèles. On le voit avec eux, au plus fort de l'épidémie, parcourir toute la ville, portant partout des secours spirituels et temporels, faisant à chaque heure le sacrifice de sa propre vie, et encourageant, plus encore par son

exemple que par ses discours, ceux qui l'accom-
pagnaient. Les quartiers qu'il visitait étaient d'un
accès difficile : rues étroites et encombrées de cadavres et d'agonisants. On disait de lui qu'il marchait entre les *vivants et les morts*. Et partout, après
ses visites, on retrouvait les marques de sa générosité compatissante. Son nom, synonyme d'abnégation et de courage, fut bientôt connu de toute
la France et des pays voisins. Pope, dans son *Essai
sur l'homme*, peint son dévouement pour le salut
de ses diocésains dans la strophe suivante : [1]

> « *Lorsqu'au sein de Marseille un air contagieux*
> *Portait l'affreuse mort sur ses rapides ailes,*
> *Pourquoi, toujours en butte à ses flèches mortelles,*
> *Ce prélat, s'exposant pour sauver son troupeau,*
> *Marche-t-il sur les morts, sans descendre au tombeau ?* »

Millevoye, également, lui a consacré tout un
poème intitulé *Belzunce*, où il chante les vertus et
le courage de l'évêque.

Cependant, grâce aux forçats livrés par le chevalier de Rancé, lieutenant-général, commandant
du corps des galères, on opéra l'enlèvement des
cadavres, et les rues en deux jours furent nettoyées

[1] POPE : *Essai sur l'homme*, ép. 4.

et rendues accessibles. Ce travail mené rondement, grâce au chevalier Roze, constamment à cheval du matin au soir, infatigable et donnant l'exemple à tous, ne fut pas exécuté facilement et sans péril. Les forçats s'attardaient dans les maisons, fouillant les vêtements des morts et les meubles pour voler l'argent et les bijoux qu'ils pensaient y trouver. Puis les cadavres jetés par les fenêtres venaient retomber dans la rue, écrasés, ouverts, laissant échapper les entrailles corrompues, fétides, qui se répandaient comme une boue noire que l'on devait ramasser à la pelle. Dans leur précipitation d'en finir, les galériens, maladroits à conduire les chevaux, brisaient les licols, les harnais, et l'on ne trouvait plus de bourreliers pour les raccommoder. Pour empêcher les vols de bijoux, d'argent et de hardes qui, transportées, allaient répandre la contagion ailleurs, le chevalier Roze fit installer des potences, auxquelles furent pendus les voleurs. Ces exemples assagirent un peu les malandrins qui profitaient de la confusion et de la calamité publique pour s'emparer de tout ce qui était à leur portée.

Enfin la cour qui, jusque-là, n'avait guère donné que des conseils, touchée par le fléau qui ravageait Marseille et par l'immense misère dans laquelle étaient plongés les habitants, voulut bien, sur la demande réitérée des échevins, prier M. Le Bret, intendant de Provence, de distribuer des secours. Elle dépêcha aussi deux médecins : Chicoineau, neveu de Chirac, attaché à la personne du Régent, et Verny, qui jouissait d'une grande réputation dans la capitale.

Nous trouvons dans le journal de *Mathieu Marais* une note relative à cette période de la peste[1].

« L'état de la ville de Marseille a touché la cour. On a envoyé quatre mille louis d'or à M. Le Bret, intendant de Provence, pour distribuer en secours, avec des petits billets et des remèdes. Les médecins ont fait ouvrir les corps des morts ; on les a trouvés pleins de vers. On a mis ces vers dans de l'eau froide, dans de l'eau chaude, dans du vinaigre, dans du vin, dans de l'eau-de-vie ; ils ne sont pas morts. On les a mis pour dernière expérience dans du citron et de l'huile ; ils sont morts, et les médecins croient avoir trouvé un remède à cette maladie contagieuse qu'ils disent n'être pas la peste[2]. » Puis il ajoute :

[1] Journal de Mathieu Marais : notes sur la peste de 1720.

[2] On reconnaîtra, dans cette dernière observation, l'influence des recommandations de d'Aguesseau et des échevins, à propos de la propagation de la maladie.

« La peste de Marseille est plus forte que jamais.
On y a envoyé M. Chicoineau, médecin de Montpellier, chancelier de l'Université, gendre de Chirac
médecin du Régent, accompagné de MM. Verny et
Loutré, habiles chirurgiens. Ils ont écrit à M. de
Roquelaure, commandant en Languedoc, qu'ils
venaient de voir le plus affreux spectacle que la
nature puisse présenter à des hommes : une infirmerie où il y a plus de cinq cents malades, mourants,
abandonnés sans secours, et qui n'ont pas même d'eau
pour boire ; un amas de cadavres que l'on n'emporte
point, qui sont entre les salles de cette infirmerie ; une
ville désolée et gémissante, des familles entières
détruites, les médecins et chirurgiens presque tous
morts ; les religieux de la Mercy, de quatre-vingts
réduits à quatre, dont trois se sont enfuis ; les environs de la ville remplis de pillards et de voleurs,
qui pillent les bastides des bourgeois ; eux-mêmes
ne savent comment ils pourront s'échapper, ou de
la peste ou de ces voleurs. »

Ce même Chicoineau, qui avait la critique si facile,
aurait dû, puisqu'il avait été envoyé pour cela,
seconder les autorités et les médecins restés dans
la ville. Il n'en fit cependant rien. Après avoir
rédigé son rapport sur le fléau, où il voulait voir
« de simples fièvres malignes, qui n'ont pris un carac-

tère aussi violent que par le fait de la mauvaise alimentation du peuple » il s'empressa, devant une recrudescence de la contagion, de gagner Aix avec ses compagnons, et ne reparut à Marseille qu'à la fin de l'épidémie. Il chercha alors, sous le masque d'une fausse dévotion, à édifier une population à laquelle il avait, pour sa conservation personnelle, refusé ses secours. Plus de discrétion dans son appréciation des faits et plus de courage dans sa conduite n'auraient certes pas nui à sa mémoire.

Comme précédemment, le manque de corbeaux (car les forçats poussés par la cupidité commettaient toujours des imprudences qui les décimaient rapidement) augmenta le nombre des cadavres laissés sans sépulture. Les quartiers de Saint-Jean et de Saint-Laurent étaient de véritables foyers d'infection.

Les rues ne sont plus des rues mais de véritables fosses mortuaires à ciel ouvert. Les cadavres entassés bouchent l'entrée des maisons, dans lesquelles on ne pénètre qu'en les déplaçant ou en marchant dessus. M. Estelle, échevin, qui n'a jamais cessé ses visites dans les quartiers les plus éprouvés, glisse dans la rue de Lescalle et tombe sur un cadavre en décomposition ; sa figure, qu'il cherche à retenir vivement, n'en a pas moins été souillée par la pourriture. Un

mouchoir, imprégné de vinaigre lui sert à essuyer
son visage et il continue son chemin, sans s'émou-
voir davantage de cette hideuse accolade. M. Moustier, qui le suit, reçoit sur la joue, peu d'instants
après, un emplâtre encore fumant qu'un pestiféré
vient de jeter par la fenêtre. Il le détache avec sang-
froid, et se contente de passer sur la partie atteinte
son éponge à vinaigre, sans reculer d'un pas ou
songer à interrompre ses courses à travers ces milliers de morts. La rue des Ferrats est absolument
obstruée et l'on est forcé d'amener les cadavres
sur l'esplanade de la Tourrette[1].

Ce fut dans une assemblée du Conseil, tenue peu
de temps après les événements que nous venons de
relater, qu'on donna communication de la nomina-
tion par le roi, comme commandant de Marseille
et de son terroir, de M. de Langeron, chef d'escadre
des galères. On applaudit à cet heureux choix, qui

---

[1] Le nom de *la Tourrette* avait été donné à cette place, parce
qu'avant la construction du fort Saint-Jean, il y avait deux tours
sur l'emplacement qu'il occupe, l'une, nommée la grande tour, ou
tour de Saint-Jean, et l'autre un peu plus éloignée sur la colline,
nommée *Tourrette*. Cette dernière servait de phare pour éclairer
les vaisseaux entrant dans le port. Un ancien plan de Marseille la
représente de forme carrée, ornée d'une lanterne et de girouettes
de fer. Elle existe encore, quoique modifiée; elle a été revêtue de
nouvelles pierres de taille et on lui a donné la forme ronde,
qu'elle a conservée. Une simple visite montre facilement que
l'ancienne construction carrée se trouve intacte sous ce revê-
tement.

plaçait la ville entre les mains d'un homme énergique et capable d'obtenir de la cour l'aide nécessaire. On délibéra ensuite sur les moyens à employer pour débarrasser de nouveau les vieux quartiers des cadavres qui les encombraient et dont la décomposition avancée répandait dans l'air des émanations puantes, aussi insupportables que dangereuses. On émit l'idée de transporter tous ces morts dans un vieux navire, dont on fermerait ensuite toutes les ouvertures et que l'on irait couler en pleine mer. Mais ce projet fut vite abandonné, étant peu pratique : d'abord, étant donné que toutes les rues des vieux quartiers sont montantes, que leur peu de largeur les rend inaccessibles aux tombereaux ; que, d'autre part, la distance est trop longue de ces rues au quai pour transporter les cadavres sur des brancards, ce qui aurait demandé plus de brancards qu'il n'y en avait, et, par conséquent, plus de temps pour se débarrasser de cette pourriture arrivée à son dernier degré de décomposition. Enfin, même en admettant la possibilité de la chose, le navire ainsi lesté et hermétiquement fermé n'aurait pas tardé à éclater sous la pression des gaz sortis de ce foyer de fermentation. Les corps, rejetés par la mer et repoussés jusque dans le port, auraient déterminé une nouvelle aggravation de l'état actuel. Pour toutes ces raisons, ce projet fut abandonné. L'enfouissement dans des fosses creusées exprès autour du mur d'enceinte ne pouvait non plus être adopté ; la situation excentrique des quartiers infectés, ainsi que la distance à parcourir pour arriver aux tombereaux qui, ne pouvant y pénétrer, devaient stationner sur les quais où les cadavres, vu leur état de décomposition, ne pouvaient être amenés sur des brancards, étaient autant de raisons péremptoires contre l'adoption de ce plan.

On en était donc à trouver un système pratique quand le chevalier Roze, qui s'était préoccupé de la question, fit savoir au commandant de Langeron et aux échevins qu'il prenait sur lui de débarrasser rapidement les hauts quartiers des cadavres qui les encombraient, si on voulait bien lui adjoindre cent forçats.

Après s'être réuni pour entendre les explications sur les voies et moyens proposés par notre héros, le conseil adopte son projet, basé sur les observations suivantes :

Étant sur les remparts qui font face au fort Saint-Jean, le chevalier Roze s'est aperçu que deux anciens bastions, qui ont soutenu il y a deux mille ans les attaques des armées de Jules César, sont

attenants à l'esplanade, c'est-à-dire à proximité de
l'amoncellement de cadavres à enlever. Quoique
formant terrasse, il s'est assuré qu'ils sont voûtés et
qu'il suffirait d'ôter quelques pieds de terre et de
crever la voûte pour trouver là une immense fosse
naturelle, dont la base est au niveau de la mer. On
n'aurait qu'à y pousser tous les cadavres que l'on
recouvrirait de chaux vive, puis de terre, afin
d'empêcher les exhalaisons qui, sans cette précaution, ne manqueraient pas de se produire. En conséquence de la résolution du conseil, cent forçats,
sur l'ordre de M. de Langeron, furent mis à la disposition du chevalier Roze.

Sans perdre un instant, notre héros fit enlever la
terre qui recouvrait les bastions, enfoncer la
voûte et apporter de la chaux vive. Puis, ayant
habillé ses galériens avec des sarrots en toile
cirée, la tête recouverte d'un mouchoir imbibé de
vinaigre, il fait marcher sa troupe jusqu'à la place
de Lenche. Arrivé là, il la fait arrêter, lui distribue
du vin, en boit lui-même sur son chapeau, puis,
secondé par Souchon et Gombert, il s'avance vers
les forçats et ne leur dissimule point tout ce que
cette expédition exige de courage. En effet, le
spectacle qu'offre cette place est horrible ; les galériens hésitent, la mort plane sur leurs têtes et peut,

dans quelques instants, les coucher à côté de ceux qu'ils foulent aux pieds. Le chevalier Roze voit cette hésitation ; descendant de cheval, il promet la libération de leur peine à tous les survivants et prend par une jambe le premier corps étendu devant lui. Ce courage, ce sang-froid, ce dédain de la mort de la part d'un homme riche, heureux, honoré, qui ne craint pas de sacrifier sa vie pour sauver celle de ses semblables, raffermit les cœurs ; entraînés par l'exemple d'un tel chef, tous se précipitent à ce travail aussi horrible que dangereux. En quelques instants, les rues des vieux quartiers sont débarrassées de leurs cadavres, que l'on entasse sur la place de la Tourrette. Le chevalier Roze ordonne ensuite à ces ouvriers de la mort, préalablement munis d'énormes râteaux en fer, de former un arc de cercle, de manière à entourer cet amoncellement de corps dont les membres, à l'état de pourriture, se détachent au moindre choc. A son commandement, tous les forçats, exécutant le même mouvement en avant, précipitent ce charnier humain dans les bastions, qui en sont bientôt remplis. La chaux vive est aussitôt projetée dessus et recouverte elle-même par la terre qui formait les glacis des remparts, avant leur ouverture. L'opération [1] fut menée si

[1] Cette scène fut fixée sur la toile par le peintre Jean-François de

vivement et d'une façon si habile que le chevalier
Roze put la terminer dans l'espace invraisemblable
d'une heure.

Le fait, qui semble incroyable, pourrait
être mis en doute, s'il n'était mentionné officiellement sur les livres de la municipalité
marseillaise.

Sauf trois soldats, qui échappèrent à la contagion,
tous les autres et tous les forçats qui coopérèrent à
cette opération de salubrité publique moururent de
la peste à quelques jours d'intervalle. Seul, le chevalier Roze, qui n'eut qu'une indisposition passagère, survécut à tous ceux qui l'avaient secondé.

Le jour où la municipalité de Marseille, cédant
aux exigences de l'hygiène, aura décidé de poursuivre la transformation de la vieille ville et fera
disparaître cette butte de Saint-Jean, bien surpris
seront les ouvriers terrassiers de retrouver sous ce
gazon, qu'aura foulé le banal touriste anglais ou les
bandes de gamins jouant au *bataillon*, des ossements

Troy et gravée par Thomassin. Les figures sont aussi belles que le
comportait le sombre sujet traité, les groupes bien placés, les épisodes touchants et pleins de naturel. Exécuté en 1725, ce tableau
était la propriété de la famille Roze ; plus tard, il fut acquis par
M. Borely et passa ensuite entre les mains de M. le comte de Panisse,
à qui appartenait le château de Bonneveine, connu aujourd'hui
sous le nom de château Borely. Il fait naturellement partie de la
collection des tableaux de l'administration de la Santé et se trouve
dans un salon de la Consigne, où le public et admis à le voir.

humains en aussi grande quantité et dans un lieu
que sa situation ne semblait pas destiner à servir
de cimetière. Dans une ville aussi cosmopolite que
Marseille, où l'on peut compter aujourd'hui les descendants des vieilles familles contemporaines de la
peste, bien rares sont ceux qui seraient en état de
donner une explication précise de la présence de
ces ossements sous l'esplanade de la Tourrette, dans
les bastions qui reçurent les assauts des légions de
Jules César.

Cette partie des vieux quartiers nettoyée, différentes dispositions furent prises par les échevins
et le commandant Langeron. On fit, entre autres,
brûler les meubles et hardes qui encombraient les
rues et les places publiques, qui furent ainsi assai-
nies. Les immondices, transportés sur de vieilles
barques, furent jetées en pleine mer. Des fosses
immenses furent creusées de nouveau vers la porte
d'Aix et les cadavres de la rue Dauphine, qui en
était pleine, y furent ensevelis. Serre, le peintre
de tant d'œuvres si estimées et l'auteur d'un tableau de la peste de Marseille[1], fit creuser à ses

[1] La vente, à son insu, de ce tableau par son fils, à la foire de
Saint-Germain, lui causa beaucoup d'ennuis. Privé de son siège
à l'Académie, il ne put en reprendre possession que lorsqu'il eut
prouvé qu'il n'était pas coupable de cette vente, considérée comme
scandaleuse.

frais une fosse pour les morts du quartier Saint-Ferréol, dont il était commissaire. Sur la demande du commandant Langeron, la cour donna l'ordre aux médecins Chicoineau, Loutré et Verny de rentrer à Marseille, et pour les seconder elle leur adjoignit Maillé, professeur de l'Université de Cahors, Boyer de Paradis, de Marseille, de Labadie et plus tard Soulliers, maître chirurgien du roi et Deidier, autre chirurgien. Sur l'avis des hommes de l'art, on construisit vivement, avec des charpentes et des toiles, un immense hôpital dans les allées du Grand jeu de Mail. Malheureusement un violent coup de vent du nord le détruisit en partie et l'on fut obligé de le reconstruire; enfin, grâce au zèle et à l'activité que chacun déploya, il fut promptement terminé et l'on y transporta tous les malades qui se trouvaient encore dans les rues, et ceux qui, restés seuls, ne pouvaient être soignés chez eux. On obtint de l'État l'envoi de plusieurs compagnies du régiment des Flandres et de Brie, pour le service de la place. On les caserna provisoirement à la Chartreuse, hors les murs, et les échevins, d'accord avec M. de Langeron, firent afficher un arrêté qui enjoignit aux membres du clergé et religieux de tous ordres, aux médecins, aux notaires, sages-femmes, apothicaires, droguistes, épiciers, boulan-

MONSEIGNEUR DE BELZUNCE

(page 152).

gers, bouchers et à tous ceux exerçant métiers ou
fonctions pour le service public, d'avoir à réinté-
grer leurs foyers sous peine d'amendes, prison et
déchéance de tous droits de propriété à Marseille et
dans son terroir.

A la demande de Mgr de Belzunce, évêque de Marseille, les échevins et le gouverneur autorisèrent
une procession où les châsses des saints et les
reliques de *la Major* devaient figurer et rester
exposées sur un grand reposoir qui serait dressé
sur la place de la Loge. Le grand prieur claustral
de l'abbaye de Saint-Victor, M. de Matignon, invité
à se joindre au cortège, refusa de participer, par
sa présence, à cette cérémonie qui, dans l'esprit de
l'évêque, devait attirer sur Marseille la miséricorde
divine et la délivrer de la peste. Ce refus était basé
sur une question d'étiquette. Le grand prieur
émettait la prétention de célébrer lui-même la
messe, ou de faire dresser deux autels, où l'évêque
et lui pourraient officier séparément. Cet acte de
vanité indisposa la population entière contre les
membres de l'abbaye. Ainsi, non seulement ces
moines égoïstes avaient privé la ville de Marseille
du secours de leur puissante et riche confrérie,
mais encore ils s'abstenaient de prendre part à une
procession dont l'effet moral, tout au moins, aurait

calmé des esprits naïfs et religieux, que le
fléau avait affolés.

Ah ! que l'on était loin de ces moines soldats qui,
fidèles aux préceptes de Jean Cassien, le diacre
bien-aimé de saint Jean Chrysostôme et le fonda-
teur de leur ordre, luttèrent si avantageusement
contre les Sarrazins et autres assiégeants de Marseille !

Certes, à cela, il y avait une raison. Depuis longtemps le recrutement des religieux de cette antique
abbaye n'avait plus lieu de la même façon. Cette
citadelle monastique était devenue le refuge des
cadets de familles nobles, qui ne se sentaient pas
attirés par le métier des armes. Nul ne pouvait faire
partie de la corporation sans fournir les preuves
authentiques qu'il appartenait à la noblesse depuis
dix générations. Il suffisait à un fils de l'aristocratie, qui ne se sentait pas l'âme guerrière, d'expri-
mer le désir de vivre dans une retraite calme et
tranquille, pour qu'on en fît un *comte de Saint-
Victor*; à défaut de l'armure des chevaliers, il prenait le camail et la croix de l'ordre. C'était là comme
un brevet de couardise délivré à ces enfants des
preux, reniant ainsi leurs ancêtres. Il n'y avait
donc rien de surprenant dans la conduite des
comtes de Saint-Victor en présence du fléau qui

ravageait Marseille. N'étant pas sous la juridiction de l'évêque, ils firent la sourde oreille aux demandes pressantes de M⁰ʳ de Belzunce et les portes de fer de l'abbaye-citadelle restèrent fermées devant les accents de désespoir des habitants décimés.

Sans la vénération qu'ils ont de tout temps professée pour la mémoire de saint Victor, patron de la vieille cité, nul doute qu'ils n'eussent brisé les portes inhospitalières. Ils avaient aussi un profond respect pour la Vierge noire renfermée dans la crypte et qui représentait bien à leurs yeux la tradition biblique des filles d'Egypte et de Bethléem, la jugeant plus près de la vérité physique, de l'image primitive de la mère du Christ, pauvre et souffrante dans son humilité de femme du peuple. Enfin, si l'on tient compte de leurs sentiments pieux et de la fidélité avec laquelle ils conservaient le souvenir de l'histoire locale, on doit admettre qu'ils auraient considéré comme une profanation de pénétrer dans les souterrains, antiques catacombes des premiers chrétiens [1].

[1] Ces souterrains, construits solidement en pierre et ciment, se poursuivaient, comme une sorte de passage, sous le vieux *Lacydon*, dont les eaux venaient les battre en vain. Ils passaient ensuite au bas du quartier de Saint-Jean pour venir aboutir dans les caveaux de *la Major*, ancien temple de Diane, vieille basilique païenne de la cité phocéenne.

On ne sait si les moines escomptaient en effet la
foi religieuse du peuple de Marseille contre un
envahissement qui aurait certainement eu lieu, si
leur retraite n'avait pas été protégée par son caractère sacré et par le vocable de saint Victor, qui en
était comme le Palladium. Néanmoins, leur conduite en cette circonstance fut jugée comme elle le
méritait. Elle souleva l'indignation de tous et fut
peut-être la cause première de la désagrégation de
cette puissante confrérie, dont les derniers vestiges
devaient disparaître sous le niveau régulateur de
la Révolution française.

VI

La contagion qui avait paru se calmer pendant quelques jours, après le nettoyage des rues et l'assainissement des logements contaminés, reprit bientôt avec une intensité redoutable sous l'influence d'une cause qui aurait pu être évitée. Le peuple, à qui l'on avait persuadé que les chiens étaient d'actifs propagateurs de la peste, fit un massacre de ces animaux, qui furent jetés dans le port. Bientôt leurs cadavres furent en si grand nombre qu'ils encombrèrent toutes les parties restées libres,

s'entassant sur les parois du quai, d'où ils répandaient dans l'air des odeurs nauséabondes.

Un arrêté pris par les échevins défendit qu'aucun
corps mort, immondices, hardes ou tous objets
semblables fussent jetés dans le port sous peine
d'amende et de prison, et ordre fut donné de débarrasser les quais et les eaux de tous ces cadavres
d'animaux, dont la vue était hideuse et la décomposition pernicieuse.

Le rayon de la contagion s'étant étendu jusqu'à
la banlieue de la ville, où beaucoup d'habitants
s'étaient réfugiés, les marchés et barrières furent
reculés de nouveau, si bien que, dans un temps où
l'on manquait de chevaux et de moyens de transport, il devenait à peu près impossible de s'appro-
visionner, même des denrées essentielles. Le marché
établi à l'Estaque fut reporté au Frioul, mais comme
les bateaux qui faisaient le service des approvisionnements jusqu'à cette ile manquaient de lest pour
effectuer leur retour, les capitaines refusèrent de
continuer à y venir décharger leur cargaison. Cette
détermination devait amener la famine à bref délai,
si l'on ne trouvait pas un moyen d'obvier à ce
nouvel embarras.

Le chevalier Roze, sur qui l'on comptait toujours
dans des cas semblables, proposa un expédient si

pratique qu'il fut aussitôt adopté. Les échanges
avec Marseille ayant cessé à cause de la peste, il
était évident que les navires apportant du blé, du
vin et autres produits alimentaires au Frioul,
désigné comme lieu de livraison, ne pouvaient y
trouver un chargement de retour, et, par conséquent
manquaient de lest. Le chevalier Roze y remédia
d'une façon très simple. Les bâtiments partant pour la
pêche, les conducteurs de barques, tartanes et
autres bateaux légers qui rapportaient du Frioul
les approvisionnements pour la ville, furent con-
traints de transporter sur cette île des pierres destinées à former le lest des navires qui, sans danger,
pourraient alors se remettre en mer et continuer
le ravitaillement. Avec le zèle et la ponc-
tualité qu'il apporte à tout ce qu'il fait, notre
héros, malgré le travail écrasant qui le surmène, à
l'hôpital de la Corderie, dans l'inspection des malades
à domicile, dans l'organisation et la conduite
des convois mortuaires, Roze, disons-nous, ne
craint pas d'entreprendre l'inspection de ce nouveau
service. Tous les deux jours, monté sur une barque,
on le voit dès la première heure veiller au chargement du lest, accompagner jusqu'au Frioul les
tartanes commandées à cet effet, et en revenir avec
les approvisionnements. Une semaine lui suffit

pour envoyer aux îles les pavés et les pierres nécessaires. Une fois encore, grâce à sa présence d'esprit et à son infatigable énergie, il avait rendu un signalé service à ses concitoyens.

Le *terroir*, où s'étaient réfugiés un grand nombre d'habitants de Marseille et qui, jusque-là, avait joui d'une sécurité relative, fut à son tour envahi, comme nous venons de le dire, par la contagion. Les malheureux y mouraient sans secours, délaissés de tous, privés des soins des médecins et sans moyens de se procurer des médicaments en l'absence des pharmaciens et herboristes. D'autre part, un nouveau fléau vint les frapper dans leurs ressources matérielles. Des bandes de voleurs, mendiants, forçats évadés, dévalisaient les maisons de campagne et assassinaient ceux qui voulaient s'opposer à leurs vols et déprédations. En présence des plaintes réitérées des victimes, les échevins et le gouverneur de Marseille firent un appel pressant aux médecins, chirurgiens, infirmiers et pharmaciens, les engageant à venir donner leurs soins aux pestiférés. Des sommes importantes devaient être allouées à chacun et payées par la commune. A cet appel, un grand nombre répondirent et les secours purent être organisés d'une façon régulière. Quant aux voleurs, ils furent en grande partie capturés et bientôt les prisons en furent bondées ; les assassins furent pendus : un peu de sécurité fut rendue à la banlieue naguère si gaie, si riante avec ses multitudes de bastides aux toits rouges et aux volets verts, conviant au repos sous les ombrages des pins où zonzonnaient les cigales.

Le mois de septembre fut un de ceux où la peste fit le plus de victimes. Cette malheureuse population, chez laquelle une accalmie amenait de suite l'oubli d'une situation naguère effrayante et l'insouciance trompeuse d'un avenir menaçant, se livrait alors sans aucune retenue à tous les plaisirs, à toutes les jouissances dont elle se trouvait privée depuis longtemps. Les réunions publiques, les concerts, les cafés ayant été rouverts provisoirement, la foule s'y précipita. Ce fut le point de départ d'une recrudescence du mal dans les foyers mal éteints. Bientôt le nombre des malades augmenta à tel point que les maisons ne purent les contenir et, comme précédemment, ceux qui pouvaient se traîner jusque dans la rue allaient y mourir, fuyant des logements sans air, sans lumière, que l'hallucination de leur cerveau affaibli peuplait de fantômes horribles.

Et là, dans ces rues puantes, au milieu des morts dont le nombre, pendant cette période, atteignit jusqu'à mille par jour, des scènes déchirantes, où

se confondait la raison humaine, se déroulaient
incessamment dans un cadre où l'égoïsme cruel s'éta-
lait à côté de la compassion, de la charité et de
dévouements sublimes. Ici, on voyait un vieillard
n'ayant plus que quelques instants à vivre repousser avec un bâton l'infortuné cherchant une place
ou voulant boire une gorgée d'eau à son écuelle.
A côté, un moribond se traînait pour dépouiller un
cadavre voisin. Plus loin, deux jeunes fiancés, voulant
mourir ensemble, échangent un suprême baiser dans
un embrassement mortel. D'une maison, une femme
sort, traînant un cadavre par une corde, et c'est son
mari qui, quelques heures avant de mourir, s'est
lié lui-même les pieds, pour empêcher un attouche-
ment fatal à la compagne de sa vie. Mais avec la nuit
la terreur augmentait, suivant toutes les gradations
de l'horrible. Les vieilles rues de Marseille, éclairées
par la lumière rougeâtre d'un fanal, auraient pu rappeler les scènes les plus violentes et les plus douloureuses de l'Enfer du Dante. Aux cris arrachés
aux malades par les souffrances qu'ils endurent, se
joignent les râles des agonisants qui se raidissent
dans les affres de la mort, et le bruit sourd des
cadavres que l'on jette dans les tombereaux. Et toute
cette clameur affreuse se perd au milieu des jurons
des conducteurs menant brutalement les chevaux

qui glissent et s'abattent sur le pavé gras et nauséabond. Aux appels stridents des officiers de sifflet, les corbeaux exécutent leur mortelle besogne, éclairés par les torches de résine que tiennent des soldats, en présence des échevins en chaperon et du chevalier Roze à cheval.

Ce n'était pas assez pour cette malheureuse population d'avoir à succomber sous cette calamité épouvantable. Il était écrit qu'aux autres fléaux se joindrait celui de l'intolérance religieuse. De même que nous nous sommes fait un devoir jusqu'ici de mettre en lumière et de louer les actes de dévouement et d'abnégation accomplis par le clergé pendant les périodes les plus sombres de la contagion, de même nous ne pouvons passer sous silence la pression qu'il exerça sur les moribonds et qui fut aussi indigne de son caractère respectable que révoltante pour la liberté de conscience attaquée. L'évêque de Marseille, dont la conduite avait été si courageuse et désintéressée, ne craignit pas de se mettre à la tête d'un mouvement de propagande de la bulle *Unigenitus*, obscurcissant ainsi l'éclat d'une vie d'ailleurs remarquable par la dignité et la pureté des mœurs. Dans une ville où les sentiments religieux étaient exaltés par l'affreuse maladie, il eût fallu au clergé des idées plus larges et une plus grande charité chrétienne dans la distribution des secours spirituels. Malheureusement, il n'en était pas capable. Le rigorisme farouche avec lequel les prêtres refusaient l'absolution aux moribonds qui n'admettaient pas comme articles de foi ceux de la bulle du pape Urbain VI, augmentait les souffrances qu'ils auraient dû soulager. Les malades les imploraient avec désespoir et leur esprit affolé ne voyait dans l'affreuse mort suspendue sur leurs têtes que le prélude d'une damnation éternelle[1].

[1] *Mémoires de* Saint-Simon. Édit. Delloyet. XIII — Opinion sur Mᵍʳ de Belzunce : « Marseille vaquait, dont le frère du comte du Luc avait été évêque longtemps, qui avait passé à Aix, d'où il est enfin venu à Paris où il a succédé immédiatement au cardinal de Noailles, sans en rien retracer ; aussi était-ce pour tout le contraire qu'il y fut mis.

A Marseille, le roi nomma l'abbé de Belzunce, fils d'une sœur de M. Lauzun. C'était un saint prêtre, nourrisson du Père Letellier, qui avait été longtemps jésuite, et que les jésuites mirent hors de chez eux dans l'espérance de s'en servir plus utilement, en quoi ils ne se trompèrent pas. Il était trop saint et trop borné, trop ignorant et trop incapable d'apprendre pour leur faire le moindre honneur, ni le plus léger profit. Évêque, il imposa avec raison par la pureté de ses mœurs, par son zèle, par sa résidence et son application à son diocèse, et devint illustre par les prodiges qu'il fit dans le temps de la peste, et après, par le refus de l'évêché de Laon, pour ne pas quitter sa première épouse.

« Son aveuglement pour les jésuites, et son ignorance qui parut profonde à surprendre, le livrèrent avec fureur à la *Constitution*, dont il pensa être cardinal, mais au fait et au prendre, il fallait aux romains et aux jésuites un homme dans cette dignité dont ils pussent faire un autre usage que de dire ce qu'ils lui auraient soufflé à mesure, et de signer avec abandon tout ce qu'ils lui auraient présenté. Si un homme aussi pur d'intention, et aussi distingué par tout ce que je viens de dire, avait pu se déshonorer,

Ce ne fut pas seulement à Marseille que se produisit ce scandale religieux. Une partie du clergé de Provence, qui recevait le mot d'ordre de la puissante Compagnie de Jésus, ne laissait échapper aucune occasion de persuader aux populations naïves que celles qui n'accepteraient pas de suivre la voie indiquée par le pape dans la bulle Unigenitus, désignée aussi sous le nom de *Constitution*, seraient frappées de calamités analogues aux dix plaies d'Egypte. L'archevêque d'Arles, M{g}{r} de Forbin Janson[1], fut un des plus zélés à profiter des circonstances pour frapper l'esprit des foules par des exemples tirés de faits naturels, qu'il transformait en châtiments divins. Son mandement contre les sauterelles, qui désolaient alors son diocèse, est resté comme un type frappant de l'esprit du clergé à cette époque. Dans ce mandement, il attribue « le fléau du ciel à la résistance de ceux qui ne veulent pas recevoir la Constitution, et dit

il l'aurait été par son fanatisme sur la Constitution, par les écrits étranges en tout sens qu'il adopta et signa comme siens, et surtout par le personnage indigne en lui, infâme en tout autre, qu'il fit, en ce brigandage d'Embrun.

« M. de Lausun fut aussi aise de l'épiscopat de son neveu que l'aurait pu être le plus petit bourgeois, tant les plus petites choses, qui avaient l'air de grâces, lui étaient sensibles. »

[1] Saint-Simon dans ses mémoires désigne ainsi ce prélat : « ... ce saint prêtre dont la parfaite bêtise n'a d'égale que son ignorance crasse, etc... »

que les sauterelles par leurs sauts et leurs *interca-dences successives* marquent l'inquiétude de ces gens qui ne veulent pas se fixer aux sentiments du pape et de la bulle et qui se laissent emporter à tout vent de doctrine. »

Il est évident que cette éloquence *moliniste* n'était pas de nature à impressionner bien vivement un esprit réfléchi et qu'elle ne pouvait avoir d'effet que sur des natures extrêmement simples. Ce mandement se termine par l'ordonnance de treize jeûnes, treize Pater et treize Ave Maria, en l'honneur de Jésus-Christ et des douze apôtres :

« Nous vous assurons, dit-il, *de la part de Dieu et sur la parole de saint François de Paule*, que Notre-Seigneur vous accordera *vos justes désirs* », et il avertit que l'imprimeur de l'évêché débitera gratuitement une oraison composée en l'honneur de ce saint.

Il ajoute :

« Si la peste venait à Arles, j'aurais un bon moyen pour la faire cesser, je n'aurais qu'à monter en chaire et excommunier les appelants. »

La naïveté de ce mandement, le fait connu que Mᵍʳ d'Arles se laissait gouverner par un minime et qu'il s'appelait Jacques, lui attirèrent, dans un pays où l'esprit ne perd jamais ses droits, la risée d'un grand nombre de ses diocésains et, entre autres écrits, un petit billet où il était aussi laconiquement que narquoisement jugé : « Monseigneur, y était-il dit, il y a Saint Jacques le Majeur, saint Jacques le Mineur, mais vous êtes, Monseigneur, *Jacques le Minime.* »

A Marseille, où Mgr de Belzunce montra une intolérance indigne de son caractère, le peuple se révolta. L'acrimonie qu'il apporta dans les controverses sur la bulle Unigenitus le mit en lutte avec le parlement d'Aix, l'évêque de Montpellier, les oratoriens de Marseille, qui lui reprochèrent assez justement de faire interroger les mourants sur la bulle. On rapporte que le Régent, n'ayant pu le ramener à des sentiments plus pacifiques, aurait dit un jour de lui :

« Voilà un saint qui a bien de la rancune ! »

Menacé par le peuple, Mgr de Belzunce se renferma dans son palais épiscopal, dont il fit murer la porte. Mais alors une véritable armée de mendiants, de malades, vivement irrités contre le prélat, ayant oublié ses bienfaits pour ne se souvenir que de son intolérance religieuse et de sa retraite récente (car le peuple ne raisonne pas toujours et la douleur est injuste), s'avisa de former autour de sa demeure un amoncellement de ca-

davres qui empesta l'atmosphère et jeta la terreur
parmi les serviteurs de l'évêque. A un moment
donné, les assiégeants se montrèrent au faîte des
murailles et lancèrent dans le jardin épiscopal les
morts qu'ils avaient hissés jusque-là. La contagion
se manifesta aussitôt dans le palais ; les domestiques
et les personnes attachées au service de l'évêque
succombèrent en quelques jours ; lui-même dut
sortir nuitamment de sa demeure et se réfugier
chez le premier Président, qui lui avait offert un
asile.

Il y rédigea un mandement dont voici les principaux passages :

« Malheur à vous et à nous, mes très chers
frères, dit-il, si tout ce que nous voyons, tout ce
que nous éprouvons depuis longtemps n'est pas
encore capable, dans ces jours de mortalité, de nous
faire rentrer en nous-mêmes !... Une quantité prodi-
gieuse de familles entières sont totalement éteintes
par la contagion ; le deuil et les larmes sont intro-
duits dans toutes les maisons ; *un nombre infini de
victimes est déjà immolé dans cette ville à la justice
d'un Dieu irrité*. Et nous, qui ne sommes peut-être
pas moins coupables que ceux de nos frères sur
lesquels le *Seigneur vient d'exercer ses plus redou-
tables vengeances*, nous pourrions être tranquilles,

Le Cours, à l'extrémité duquel Monseigneur de Belzunce célébra la messe, pieds nus, la corde au cou
et s'offrit en holocauste à Dieu (page 151).

ne rien craindre pour nous-mêmes, et ne pas faire tous nos efforts pour tâcher, par notre prompte pénitence, d'échapper au glaive de l'ange exterminateur! Sans entrer dans le secret de tant de maisons désolées par la peste et par la faim, où l'on ne voyait que des morts et des mourants, où l'on n'entendait que des gémissements et des cris; où les cadavres que l'on n'avait pu faire enlever, pourrissant depuis plusieurs jours auprès de ceux qui n'étaient pas encore morts et souvent dans le même lit, étaient pour ces malheureux un supplice plus dur que la mort elle-même; sans parler de toutes ces horreurs, qui n'ont pas été publiques, de quel spectacle affreux vous et nous n'avons-nous pas été et ne sommes-nous pas encore les tristes témoins! Nous avons vu tout à la fois les rues de cette vaste cité bordées des deux côtés de morts à demi pourris, si remplies de hardes, de meubles pestiférés jetés par les fenêtres, que nous ne savions où mettre les pieds; nous avons vu toutes les places publiques, toutes les rues, les églises, traversées de cadavres entassés, et, en plus d'un endroit, rongés par les chiens, sans qu'il fût possible, pendant un nombre considérable de jours, de leur procurer la sépulture.

« Nous avons vu, dans le même temps, une

infinité de malades devenus un objet d'horreur et d'effroi pour les personnes mêmes à qui la nature devait inspirer pour eux les sentiments les plus tendres et les plus respectueux, abandonnés de tout ce qu'ils avaient de plus proche, jetés inhumainement hors de leurs propres maisons, placés, sans aucun secours, dans les rues, parmi les morts, dont la vue et la puanteur étaient insupportables. Combien de fois, dans notre très amère douleur, nous avons vu ces moribonds tendre vers nous leurs mains tremblantes, pour nous témoigner leur joie de nous revoir encore une fois avant de mourir, et nous demander ensuite avec larmes et dans tous les sentiments que la foi, la pénitence et la résignation la plus parfaite peuvent inspirer, notre bénédiction et l'absolution de leurs péchés! Combien de fois aussi n'avons-nous pas eu le sensible regret d'en voir expirer presque sous nos yeux, faute de secours !

« Nous avons vu les maris traîner eux-mêmes, hors de leurs maisons et dans les rues, les corps de leurs femmes, les femmes, ceux de leurs maris, les pères, ceux de leurs enfants et les enfants, ceux de leurs pères, témoignant bien plus d'horreur pour eux que de regret de les avoir perdus. Nous avons vu les corps de quelques riches du siècle, enveloppés

d'un simple drap, mêlés et confondus avec ceux des
plus pauvres et des plus méprisables en appa-
rence, jetés comme eux dans de vils et infâmes
tombereaux et traînés avec eux, sans distinction,
dans une sépulture profane, hors de l'enceinte de
nos murs.

« Marseille, cette ville si florissante, si superbe,
si peuplée il y a peu de mois, cette ville si chérie,
dont vous aimiez à faire remarquer et admirer aux
étrangers les différentes beautés, dont vous vantiez
si souvent et avec tant de complaisance la magni-
ficence ; cette ville, dont le commerce s'étendait
d'un bout de l'univers à l'autre, où toutes les
nations, même les plus barbares et les plus reculées,
venaient aborder chaque jour. Marseille est tout à
coup abattue, dénuée de tout secours, abandonnée
de la plupart de ses habitants.

« Cette ville enfin, dans les rues de laquelle on
avait, il y a peu de temps, de la peine à passer
par l'affluence extraordinaire du peuple qu'elle contenait, est aujourd'hui livrée à la solitude, au
silence, à l'indigence, à la désolation, à la mort.
Toute la France, toute l'Europe est en garde et
est armée contre ses infortunés habitants, devenus odieux au reste des mortels. Quel étrange
changement ! Et le Seigneur fit-il jamais éclater *sa*

vengeance d'une manière plus terrible et plus marquée ? »

Ce mandement fut le prélude de la rentrée du prélat parmi ses ouailles, dont la rancune, d'ailleurs, fut de peu de durée. Nous le verrons bientôt, retrouvant le courage dont il a donné tant de preuves, revenir auprès des malades, parcourir les rues comme précédemment et prodiguer ses aumônes sans compter. La contagion avait fait un si grand nombre de victimes que des familles entières avaient disparu, des maisons étaient complètement vides, des quartiers absolument déserts. La peste de Marseille avait été, à Paris surtout, le prétexte d'une masse d'écrits, d'appréciations et d'ouvrages sur cette maladie. On en avait même exhumé un ancien, intitulé : *Parfums et remèdes contre la peste, dont s'est servi le Père Léon, augustin déchaussé de France,* par ordre du roi, en 1667-69. Le médecin Chirac, trompé par le rapport de Chicoineau qui concluait à des fièvres malignes, et ne pouvant à distance se rendre suffisamment compte de la maladie et de l'état d'esprit des malades, se référant à de vieux traités qui prescrivaient en temps de peste d'avoir le cœur content et l'esprit gai, donna le singulier conseil *que la municipalité paye des violons et des tambours pour donner occasion aux jeunes gens de s'égayer, et pour éloigner la tristesse et la mélancolie.*

L'essai naguère tenté de la réouverture des bals et lieux publics, suivi d'une recrudescence de la contagion, n'encouragea pas les échevins à renouveler une expérience du même genre. Quoique émanant du médecin de la cour, l'avis ne fut pas écouté et cette danse macabre n'eut pas lieu. A propos des remèdes contre la peste, nous retrouvons une lettre autographe du chevalier Roze à un de ses cousins, M. Guilermy, qui s'était réfugié à la campagne, où il lui notifie l'envoi d'un onguent préparé par les médecins de la faculté de Montpellier. Nous donnons ci-après le fac-simile de cette lettre, telle qu'elle nous a été communiquée[1].

Marseille, ce 10 octobre 1720.

Monsieur et cher coussein,

Je suis fort chagraint des malades et morts quy sont au proche de vostre bastide, sy vous n'avez pas des enterreurs, moi je vous en enverray. Je remis à votre prouvoyeur 4 battons d'ongan pour les bubons, qui faut apliquer bien chaud sur le bubon, set un ongan que messieurs de Montpellier font,

[1] Lettre à M. Guilermy. — Collection de M Châteaugiron.

il m'a coutté l. 30 ; tout ce que aures bissoin donnez moy vos ordres.

Mes compliments à tout vostre monde et suis mon cher coussein

Vostres humble é tres obét...
LE CHEVALIER ROZE.

Au sujet des précautions à prendre pour approcher les pestiférés, nous trouvons dans le *Traité de la peste*, par François Ronchin, célèbre professeur de la faculté de Montpellier, toute une série de prescriptions, dont quelques-unes pourront paraître puériles, mais qui empruntaient aux circonstances et à la façon dont elles étaient appliquées un caractère de terreur mal dissimulé.

« Qu'on aborde, dit-il, de deux pas les malades, en leur parlant, et qu'on se tienne à côté pour ne pas recevoir leur baléine : qu'on ne touche rien dans leur maison ; mais qu'on le fasse faire s'il est nécessaire, comme tirer un rideau, l'agencer, etc. Pour donner la communion, sera bon d'avoir une vergette (petite verge) de la longueur d'un pan et demi (treize à quatorze pouces) ou environ, et au bout d'icelle un petit croissant d'argent, pour porter le Saint-Sacrement dans la bouche du malade, lequel avant lui donner, le prêtre serrera fort étroi-

tement la manche de son habit et surplis, afin qu'il
ne touche rien du malade, tenant le flambeau entre
eux deux.

Qu'on se tienne toujours debout sans s'asseoir ou
mettre à genoux, et faut prendre garde que l'habit
ne touche du bord à terre. Les habits les plus
usés et pelés sont les meilleurs pour visiter les
malades.

« On fera passer les habits sur le feu, au retour
des maisons infectées, et les souliers aussi, parce
qu'on peut marcher sur des crachats; même on
pourra présenter le visage sur la flamme en passant. »

Les malheureux malades, que ce spectacle épou-
vantait, ne pouvaient plus se faire d'illusions sur
leur situation; aux douleurs physiques dont ils
étaient accablés venait se joindre la hantise d'une
fin prochaine, que suscitait dans leur cerveau
affolé l'attitude de leurs consolateurs naturels. Attitude beaucoup plus coupable chez ceux qui, par
devoir ou profession, étaient appelés à les soigner,
à les réconforter et à remonter leur moral en bra-
vant sans crainte un fléau dont les trembleurs
étaient les premières victimes.

Aux prescriptions précédentes nous devons ajouter
les mesures préservatrices appliquées par quelques

médecins. Ils n'allaient jamais voir des pestiférés
sans faire porter devant eux un flambeau de poix et
de fleur de soufre. Arrivés chez le malade, ils ordon-
naient d'ouvrir toutes les fenêtres et, après avoir
bien fixé sur leur visage un masque à lunettes, un
linge imbibé de vinaigre sous le nez, les vêtements
en toile cirée bien ajustés, les mains gantées et les
pieds dans des sabots, ils procédaient à la visite,
tandis qu'au milieu de la chambre on faisait brûler
dans un réchaud des baies de genièvre et du bois
résineux. Ces visites devaient se faire après avoir
pris un léger repas; on ne devait pas y priser du
tabac ni y avaler sa salive, mais on pouvait gar-
der dans la bouche soit du girofle, de l'angélique,
du limon ou de la gentiane. Le régime observé par
les médecins variait suivant leur tempérament. Il
y en avait qui mangeaient peu et choisissaient des
aliments doux, faciles à digérer, notamment des
fruits et des légumes verts. Cette nourriture rafraî-
chissante, qui avait pour effet d'éteindre les passions, faisait dire à l'un d'eux : « Voulez-vous vous
préserver de la peste? Vivez de manière qu'on
puisse vous appliquer ces paroles de l'hymne des
confesseurs : *Sobrius, castus et quietus.* »

D'autres au contraire prenaient une nourriture
plus substantielle, ils chassaient la mélancolie en

buvant de temps en temps un verre de bon vin et
fumaient souvent, ne trouvant pas de meilleur
préservatif, comme le disait Diemerbrock, que la
fumée du bon tabac.

Enfin, pour compléter la liste des moyens de préservation employés ou préconisés, nous devons citer
l'usage externe de l'huile d'olive. Des expériences
nombreuses à l'hôpital Saint-Antoine de Smyrne
en ont consacré le succès. Cette découverte est due
à M. Georges Baldwin, consul anglais à Alexandrie.
Les personnes qui approchaient les malades après
avoir eu soin de se frictionner tout le corps avec de
l'huile ne prirent pas la contagion, les autres
au contraire, qui avaient négligé cette précaution,
ne tardèrent pas à ressentir les effets du mal.

On a beaucoup parlé, vers la fin du siècle
passé, d'un autre antidote contre la peste. Nous
retrouvons à ce sujet une note qui cite Mme de
Chasseneuil de Bourgognade, près Sainte-Foy en
Périgord, comme en ayant envoyé à M. de Saint-
Priest, ambassadeur de France à Constantinople
en 1783.

L'essai en fut fait à l'hôpital et l'on cons-
tata de nombreux cas de guérison; ceux au contraire qui voulurent être soignés suivant l'usage du
pays moururent. C'était une sorte de vin sudorifique

dont le secret est resté dans la famille de Mme de Chasseneuil.

Cependant le mois d'octobre semblait s'annoncer sous de meilleurs auspices. Une accalmie se produisit et, pour parer au pressant besoin de blé et de viande où se trouvait la population, le Régent ordonna aux intendants de fournir les sommes nécessaires à ces achats. Mais les intendants, comme les habitants des villes voisines qui, dans leur frayeur, avaient cessé toute communication avec Marseille et s'étaient même armés contre les émigrants, ne virent pas sans inquiétude les autres mesures prises par le Régent. Celui-ci, afin de faire cesser un état de choses désastreux pour le commerce, l'agriculture et l'industrie, ordonna le rétablissement des communications, en les assujétissant toutefois à des lois de préservation très sages. Ce fut le point de départ d'une reprise des affaires et d'une émulation charitable parmi ceux qui étaient à même par leur fortune ou leur situation de venir au secours d'une cité si profondément éprouvée.

Les receveurs généraux firent au Conseil du roi une soumission pour un prêt en forme d'avance, sans intérêt, de trois millions de livres, payables en dix mois, par fractions de trois cent mille livres par mois, pour l'achat et la fourniture de grains.

Cet exemple fut imité ; M. de Sénozan offrit avec le même désintéressement un prêt de cent mille livres, et le chevalier Bernard un troisième de deux cent mille livres. Cet argent fut bien employé, les achats payés comptant furent livrés à un prix raisonnable et à la date indiquée. Dans les instructions données pour ces achats nous relevons une phrase digne de remarque, parce qu'elle indique bien le soin avec lequel ils devaient être faits, en tenant compte des usages et des goûts des Marseillais.

« Les grains, dit-on, doivent être fournis en pur froment, les Provençaux étant dans l'habitude de ne consommer que leur blé, qui est un des plus beaux, et avec lequel ils font un pain excellent, très nutritif et sain. Les grains de la récolte dernière étant d'assez mauvaise qualité, il faut en faire le choix avec une grande attention et les bien payer, car ce serait une économie mal placée que de les prendre de qualité inférieure. Dans ce dernier cas, il en résulterait que ce blé, loin d'être considéré comme un secours, serait peut-être la cause de la continuation de la maladie et l'on ne manquerait pas de lui en attribuer les effets. »

Law, suivant l'exemple des généreux donateurs que nous avons cités plus haut, donna cent mille livres ; la plupart des villes s'empressèrent de

seconder les vues bienfaisantes du gouvernement
et l'Assemblée générale du clergé vota des quêtes
dans toutes les églises.

Les malheurs dont Marseille était frappée eurent
leur écho jusqu'à Rome. Le pape y fit passer trois
mille charges de blé. Malheureusement, une tempête
engloutit une partie de la cargaison des navires
chargés de ce précieux secours, qui ne parvint que
très réduit à destination. Cet envoi fut accompagné
de deux brefs, dont l'un contenait les éloges justement dus à l'évêque et l'autre des indulgences pour
*les personnes qui donneraient à boire et à manger
aux pestiférés et à ceux qui étaient soupçonnés de
l'être, ou qui leur rendraient quelque autre service.*

Enfin, il ne fut pas jusqu'à M. de Matignon, le
grand prieur claustral de l'abbaye de Saint-Victor
qui, voulant faire oublier aux Marseillais et sa conduite et celle de ses moines, ne donnât des sommes
importantes en rapport avec la richesse de l'abbaye.
Élan de charité auquel il ne manqua, pour être
plus effectif, que l'opportunité : s'il s'était produit
quelques mois plus tôt, il aurait peut-être enrayé la
contagion et diminué le nombre des victimes, dont
beaucoup ne moururent que de faim.

VII

Était-ce une simple coïncidence, ou bien, l'accalmie nouvelle qui se produisit à ce moment dans
la contagion était-elle l'effet de mesures de police,
d'une hygiène mieux comprise et plus étendue ?
Nous l'ignorons ; mais on remarqua qu'après l'apparition sur les marchés des fruits de la campagne,
raisins, figues, grenades, oranges, melons et pas-
tèques, la maladie ne présenta plus les caractères de
violence, de fièvre et de chaleur intérieure qu'elle
avait précédemment. Les habitants des *bastides* de
la banlieue, échappés à l'épidémie, sortirent de
leurs retraites et commencèrent à se montrer dans

les rues de la ville, mais avec une circonspection
qui ne pouvait émaner que d'une crainte encore
vivace. Le visage hâlé par le soleil, la barbe inculte,
les souliers poudreux, ils s'appuyaient sur de
longues cannes, dites *bâtons de Saint-Roch*, dont
ils se servaient pour écarter les passants de peur
d'en être touchés, et chasser les chiens que l'on
croyait atteints de la peste. S'ils apercevaient par
hasard des personnes de connaissance, ils se tenaient
à une certaine distance et, après s'être félicités réci-
proquement d'avoir échappé à la mort, la conver-
sation semblait être celle d'étrangers entre eux. On
n'y donnait ou recevait aucune marque extérieure
d'amitié ; les usages si cordiaux et si expressifs dans
le midi avaient fait place à une réserve froide dictée
par l'égoïsme et la peur. D'autres demandaient avec
une curiosité inquiète ce qu'étaient devenus leurs
parents, leurs familles ou leurs amis. Ils ne ren-
contraient presque que des inconnus ; les maisons
les plus fréquentées autrefois se trouvaient désertes,
les autres étaient en deuil, car on ne comptait plus
les victimes de la mort dans cette cité du silence.
Les rares passants, véritables cadavres ambulants,
pressaient le pas pour rentrer chez eux, effrayés
plus encore par le spectacle qu'ils craignaient de
voir que par ce qu'ils avaient déjà vu.

Profitant du temps d'arrêt qui se produisait dans l'épidémie, Mgr de Belzunce voulut consacrer par un acte solennel ce rayon d'espérance qui venait éclairer le sombre et lugubre tableau. Le 1er novembre, il sortit de son palais épiscopal, la corde au cou, les pieds nus, la croix d'une main, un flambeau de l'autre. Il marchait comme un suppliant, accompagné par le gouverneur, M. de Langeron, les échevins en chaperon, les commissaires de quartiers et le chevalier Roze à cheval. Les nouveaux chanoines des églises des Accoules et de Saint-Martin et le petit clergé de Saint-Ferréol, resté dans la ville pendant la contagion, précédaient le cortège. Cette procession, qui empruntait aux circonstances un caractère lugubre, bien fait pour frapper les esprits, se dirigea vers le haut du Cours, où un autel avait été dressé. Après une exhortation à la foule qui suivait, Mgr de Belzunce s'offrit lui-même à Dieu comme une victime expiatoire et célébra la messe. Il dédia la ville au Sacré-Cœur de Jésus et donna la bénédiction au peuple agenouillé, dont la foi voulait voir dans cette cérémonie la fin de tous ses maux.

Cependant la contagion, qui avait paru se calmer, eut, peu de jours après, une recrudescence qui jeta la terreur dans les maisons peu éprouvées jusquelà. L'évêque, assemblant le reste de son clergé,

décide d'implorer de nouveau la miséricorde divine.
Il monte sur le clocher des Accoules, qui domine
toute la ville et le terroir, et là, au bruit du canon
qui tonne et des cloches de toutes les paroisses qui
sonnent le glas des morts, invitant les habitants à
se mettre en prière, il jette l'exorcisme contre la
peste, prononce à cet effet le bref du pape, au
milieu des cérémonies prescrites en cette occasion.
Enfin, élevant le Saint-Sacrement, il s'offre en holocauste à Dieu, pour faire cesser le fléau qui ravage
Marseille depuis si longtemps.

Toutes ces cérémonies, qui ne pouvaient avoir
d'effet direct sur la maladie elle-même, calmaient
du moins les esprits. Le 17 novembre, M. de Langeron reçut communication de MM. Leblanc, Le Pel-
letier des Forts, et du marquis de la Vrillière, que
le Régent avait donné ordre à M. Taxil, agent de
la compagnie des Indes, de remettre à MM. les
échevins mille six cents marcs de matières d'argent et vingt mille quarante-neuf marcs de
piastres ; le tout pour être converti en monnaie
et servir aux achats nécessaires pour le soulagement des malheureux. Ce secours ne pouvait
arriver dans un moment plus opportun. On arma
divers navires pour aller charger du blé dans
le Levant, afin de ne pas se trouver de nouveau à

court de pain pendant l'hiver. D'autre part, la générosité fut contagieuse ; les sieurs Constant et Rémusat fournirent l'argent pour l'achat de vingt mille charges de blé ; les sieurs Martin, Grimaud et Béolon entreprirent, à leurs frais, les achats de viande de boucherie ; MM. de Lubières et de Ricard, conseillers au parlement, et de Rouville, président, offrirent à la ville toutes les récoltes de leurs propriétés.

Une des causes qui avaient aidé dans les derniers temps à faire renaître, pour ainsi dire, un accroissement de la contagion, avait été l'empressement de la population à rechercher le mariage. On aurait pu croire que les célibataires des deux sexes considéraient comme un devoir de réparer les pertes que Marseille avait subies. Vingt-quatre heures suffisaient pour conclure l'affaire la plus importante de la vie. Les veuves voyaient à peine leur mari enterré qu'elles en épousaient un autre, qui souvent leur était enlevé peu après et qu'elles remplaçaient par un troisième, dont le sort était le même. Les églises, fermées jusqu'alors, ne furent presque rouvertes que pour les cérémonies du mariage.

Pour excuser ce désir exagéré de contracter de nouveaux liens, il faut surtout tenir compte de la situation que l'épidémie avait faite aux familles.

L'homme riche, resté seul avec des enfants au berceau, comptait leur donner une seconde mère en la personne de sa nouvelle épouse. L'artisan et le paysan trouvaient dans la leur l'agent actif de leur intérieur et une consolation nécessaire, car rien n'était plus pénible pour eux, en rentrant dans leur logis désert, que d'être obligés, après une journée de labeur, de préparer eux-mêmes leurs repas, ranger, nettoyer les meubles et ustensiles divers du ménage. D'autres, par une fortune rapide faite au service des malades ou de la police, par une succession inattendue ou par des vols, devenaient des partis sortables ou recherchés. Mais, comme nous l'avons dit, la rapidité avec laquelle s'accomplissaient ces unions ne permettait pas de les entourer des sages précautions que l'on prend en temps ordinaire. Aussi ne présentaient-elles pas plus de garanties morales que physiques. Il en résulta que la contagion, qui n'avait pas complètement disparu, se répandit avec plus de force. Les jeunes filles qui sans s'en douter portaient en elles les germes de la maladie, les femmes, les veuves, les hommes comme les jeunes gens, imparfaitement guéris, quoique se croyant à l'abri de toute rechute, communiquaient leur mal à leurs conjoints.

Pour prévenir ces désordres et la propagation de

l'épidémie, l'évêque et M. de Langeron convinrent
qu'on ne donnerait désormais l'autorisation de se
marier qu'à ceux-là seuls qui produiraient des cer-
tificats de santé signés par les médecins et visés
par les commissaires de quartiers. Cette sage précaution enraya le mal et les mois de novembre et
de décembre virent sensiblement diminuer, non
seulement le nombre des morts, mais aussi celui
des malades. En conséquence, l'hôpital de la Corderie, fondé par le chevalier Roze et qui n'avait
même plus de convalescents, fut fermé, et son
médecin en chef, M. Boyer de Paradis, dont le
mérite n'avait d'égal que son zèle et sa bonté, fut
envoyé à la Charité, où se trouvaient encore quelques
pestiférés.

Nous avons dit précédemment que la municipalité avait voté une somme de deux mille livres pour
être remise chaque année, à perpétuité, à l'établissement charitable de N. D. de Bon Secours, fondé
pour servir de retraite aux pauvres filles orphelines
de la ville et du terroir. Mais la mortalité qui avait
frappé Marseille ayant augmenté le nombre déjà si
considérable des orphelins, cette mesure fut jugée
insuffisante. Il n'était pas de jour où l'on ne trouvât
dans les maisons des enfants gémissant dans leur
berceau, la mère morte, étendue sur son lit et

l'appartement abandonné par les protecteurs naturels
de ces innocentes victimes. La peur de la contagion
étouffant tous les sentiments charitables, personne
n'avait le courage de les recueillir. On ne pouvait
pas cependant les laisser périr, quoique leur nombre
s'élevât déjà, dès le mois d'août, à plus de quatorze
cents. La municipalité leur affecta l'hôpital Saint-
Jacques de Galice et le couvent des Pères de Lorette,
abandonné par les religieux qui l'habitaient. Là, on
les nourrit comme l'on put, soit avec de la soupe,
soit avec du lait de chèvres, dont un troupeau brou-
tait le parc du couvent. Mais il y en avait tant, que,
quoiqu'il en mourût tous les jours trente ou quarante, il en resta constamment douze à treize cents,
par le fait incessant de nouvelles entrées.

L'économe de cet établissement, homme indigne,
dont la cupidité alla jusqu'au crime, fut surpris, ne
donnant à ces malheureux qu'une nourriture insuffisante et trafiquant sur les denrées qui lui étaient
fournies. Ses bénéfices, déjà considérables, augmentaient tous les jours et il allait bientôt se retirer
avec une petite fortune, quand un arrêt de la Cour
le fit emprisonner. Il fut pendu peu de temps après,
haut et court, en présence du peuple, qui applaudit
à ce juste châtiment.

Parmi les enfants ainsi recueillis, beaucoup

appartenaient à de grandes familles et étaient destinés à jouir d'une fortune considérable. Le hasard,
qui préside souvent à la distribution des biens chez
les hommes, les avait fait naître riches et les circonstances les vouaient à la misère ou à la domesticité.
En effet, la plupart perdirent la marque qu'on leur
avait mise au bras et au cou pour les distinguer, et les personnes qui les connaissaient et les
surveillaient étant mortes, ils furent confondus
sous leur nom de baptême, le seul qu'ils eussent
conservé.

Combien durent servir comme laquais chez des
parents collatéraux, qui avaient hérité de leur patrimoine! Combien, nés dans l'opulence et destinés
aux plus hautes fonctions, vécurent dans la condition la plus modeste ou moururent dans la misère,
heureux encore de ne pas finir par la prison ou le
gibet! Et voilà bien les effets du hasard, auxiliaire
de la nature qui nous a créés tous égaux et qui
nous fait mourir de même. Il édifie ou renverse les
fortunes, et celui qui se glorifie aujourd'hui d'une
situation qu'il a trouvée toute faite et dont il n'a
qu'à jouir, peut se voir demain réduit à une misé-
rable existence. C'est ainsi que, par la fragilité ex-
trême des choses humaines, il s'opère, dans la vie
des hommes, une égalité que l'orgueilleux peut

dédaigner de reconnaître, mais qu'il lui faut subir,
le jour où l'adversité le frappe, en dépit de sa pré-
somption ou de son arrogance.

Confirmant la délibération des échevins de la
ville de Marseille, le roi, par lettres patentes,
accorda à la malheureuse cité toutes les déshérences
provenant de la mort des pestiférés. Grâce à ce
décret et aux offrandes abondantes qui furent ver-
sées au trésor de la ville, la somme affectée à l'entretien des enfants abandonnés fut augmentée dans
des proportions qui permirent de pourvoir l'hôpital
de Saint-Jacques de Galice de tout ce qu'il fallait
pour la nourriture, les soins et l'éducation des pen-
sionnaires.

L'esprit religieux, exalté par le fléau et la crainte
de la mort, avait ramené la foule dans les églises.
M. Chicoineau, médecin de Montpellier, le même
qui s'était, au plus fort de la contagion, si brave-
ment réfugié à Aix et venait de rentrer sur l'ordre
de la cour, cherchait à édifier la population par sa
présence aux offices : « Il communiait tous les jours,
et, par son exemple et ses exhortations, il amena
son confrère, M. de Verny, à abjurer la religion
protestante et à embrasser le catholicisme, qu'il
pratiqua très dévotement jusqu'à son départ[1]. »

[1] *Journal de* MARAIS, décembre 1720.

Enfin, si, jusque-là, les soins des échevins et des commissaires avaient assuré le ravitaillement alimentaire de la ville, une foule d'objets indispensables à la vie manquait encore. C'est ainsi qu'un sieur Brunes, négociant, qui jouissait d'une certaine notoriété à Marseille, écrivait à des parents en province *qu'on ne soit pas étonné de ne plus recevoir de ses nouvelles parce qu'il en est à sa dernière feuille de papier* et qu'on n'en trouve plus en ville[1]. Les souliers, les draps pour vêtements, le linge, faisaient défaut également et l'on ne savait où se procurer les mille petits riens dont l'usage a consacré l'utilité. Cependant le temps n'était pas éloigné où les marchands moins craintifs reviendraient ouvrir leurs boutiques, après les avoir préalablement approvisionnées de tous les objets nécessaires.

Si quelques foyers de contagion se ranimaient de temps en temps, par ci par là, du moins l'ensemble de la ville et du terroir présentait plutôt un caractère de décroissance épidémique. Le commandant de Langeron et les échevins voulurent en profiter pour faire renaître la confiance parmi la population et les étrangers, encourager la reprise du commerce

---

[1] *Journal de* Marais, décembre 1720.

et des affaires dont le pays avait le plus grand besoin.
Ils résolurent de faire marquer d'une croix rouge
la porte de toutes les maisons contaminées dont
l'intérieur devait être purifié par des vapeurs de
soufre et de plantes résineuses, les planchers lavés
et les murs blanchis à la chaux. Toutes les hardes,
couvertures, matelas, chiffons, meubles et vêtements
provenant de ces maisons devaient être brûlés, les
rues balayées et lavées à grande eau.

Ces dispositions hygiéniques, qui répondaient si
bien aux désirs de tous et aux besoins de chacun,
n'étaient pas cependant d'une exécution facile. Le
grand nombre de maisons et le plus grand nombre
de pièces à désinfecter, les milliers d'objets à transporter, puis à brûler, demandaient un nombreux
personnel que l'on n'avait pas sous la main. Une
ordonnance fut rendue contre les maçons et autres
ouvriers absents, dont le travail était absolument
nécessaire pour cimenter et fixer avec des crampons
de fer les dalles des caveaux d'églises, qui laissaient
échapper des émanations pestilentielles, provenant
de la grande quantité de cadavres qui s'y trouvaient
entassés. Grâce à ces sages précautions et au concours d'un nouvel envoi de forçats, tous ces travaux
s'exécutèrent assez rapidement, et l'on vit bientôt
après les boutiques se rouvrir, et les habitants qui

LE RÉGENT (PHILIPPE D'ORLÉANS)

(page 169)

avaient fui retourner dans leurs foyers. Mais la
satisfaction d'avoir survécu à la terrible épidémie
n'excluait pas chez eux un sentiment de tristesse
à la vue des traces de dévastation que présentait la
ville et des empreintes de mort répandues partout.
Le mouvement que les rues paraissaient reprendre
était comme automatique et hésitant. Partout la
gène, la contrainte ou une curiosité qui frappait de
douleur les plus hardis. Les maisons restaient désertes, avec leurs fenêtres ouvertes comme des yeux
de folles qui regardent dans le vide ; plus d'amis,
plus de parents, partout des étrangers, des figures
inconnues. Le cœur meurtri par ce spectacle plus
affligeant qu'encourageant, la foule des exilés rapa-
triés, qui semblaient égarés chez eux comme dans
une cité où ils seraient venus pour la première fois,
déambulait par les rues, les quais et les places, à la
recherche d'un être aimé que la contagion aurait
pu épargner.

Ce fut seulement vers le mois d'août 1721 que le
fléau cessa complétement ses ravages. Il avait fait
dans l'espace de quinze mois, tant dans la ville que
dans le terroir, cinquante mille victimes. Les pertes
matérielles se chiffraient par millions ; le commerce
ne reprenait que lentement, car la crainte d'un
retour de contagion rendait très hésitants les négo-

ciants et armateurs étrangers, qui attendirent encore quelques mois avant de diriger leurs vaisseaux vers Marseille.

Pour en finir avec ces détails si préjudiciables aux intérêts de la ville, il fut résolu que le port serait nettoyé, débarrassé des cadavres de chiens et autres animaux qui avaient échappé aux mesures de salubrité employées précédemment. Tous les navires furent déchargés, purifiés et assainis, et les marchandises transportées aux îles de Jarre et du Frioul pour y rester exposées à l'air pendant une nouvelle période de quarante jours.

Le résultat fut satisfaisant, l'étranger se rassura et bientôt le port de Marseille vit flotter de nouveau, sur les innombrables navires qui y vinrent déposer leurs cargaisons, les pavillons de toutes les nations avec lesquelles il était en relations commerciales.

VIII

Il faudrait remonter jusqu'à l'antiquité pour
trouver l'exemple d'une calamité aussi terrible
que celle qui frappa Marseille en 1720. Jamais contagion aussi violente, jamais fléau aussi dévasta-
teur ne fit autant de victimes dans une cité aussi
florissante, aussi riche, au lendemain de fêtes
magnifiques, dont les derniers échos devaient se
perdre dans les cris de douleur, les larmes et la
mort. Les habitants de la ville éprouvée, réduits de
moitié dans cette épouvantable hécatombe, tirèrent
du moins de cette terrible leçon, due en partie à

leur insouciance, un enseignement salutaire pour
l'avenir. Ce n'est en effet que de cette époque que
datent réellement les lois préservatrices de cette
horrible maladie, une police sanitaire sévère, une
hygiène mieux comprise et plus généralement appliquée.

Si, sous l'empire de l'exaltation et de la souffrance,
la population s'était laissé entraîner à toutes ses passions, si nous avons pu voir la haine, la vengeance,
le vol, les assassinats, les crimes des uns, l'égoisme,
la couardise, la lâcheté même de beaucoup, nous
avons eu également la consolante constatation
de l'amour du bien, de la charité et du dévouement sublime d'un grand nombre. Nous ne pourrions citer tous les noms des généreux citoyens qui,
sans souci d'eux-mêmes, ne craignirent pas d'affronter constamment la mort dans des circonstances
qui doublaient leur sacrifice. Sans doute, beaucoup de médecins s'enfuirent ; mais les défaillances
sont personnelles, et le corps médical entier
ne fut pas atteint par ce manquement aux devoirs
de la profession. S'il avait besoin d'une réhabilitation
il suffirait de nommer les Peyssonel, les Montagnier,
les Audon, les Michel, les Bertrand, tous appartenant à cette vieille école de médecine de Marseille
dont la célébrité se perdait dans la nuit des temps.

Parmi les bourgeois, les fonctionnaires de l'État, de
la Guerre ou de la Marine, les membres du Parlement, de la noblesse et du clergé, nous avons, dans
le cours de cet ouvrage, distingué le marquis de
Pilles, viguier de la cité, que nous avons vu constamment aux côtés des échevins dont le courage
et le dévouement infatigables sont le plus bel
exemple que jamais municipalité ait donné. Marseille reconnaissante a fait graver dans la pierre
les noms de Moustier, Estelle, Dieudé, et Audimard ;
les rues qu'on leur a dédiées sont, en même temps
qu'un hommage rendu à leur dévouement, un souvenir d'une des pages les plus douloureuses de l'histoire de Provence. Ces noms, synonymes d'abnégation et de charité, doivent, être pour les générations,
un enseignement à méditer et un exemple à suivre.
Quoique étranger à la cité, M. de Langeron s'y
conduisit de façon à mériter les mêmes honneurs.
Si Msr de Belzunce, par une intolérance que l'on
ne peut que regretter, mais qui s'explique par
son aveuglement à servir la doctrine et la politique
de la société de Jésus, en vint à troubler son
diocèse, d'autre part on ne peut lui refuser l'admiration qu'imposaient sa charité, son zèle de tous
les instants et la pratique de toutes les vertus.
La ville, pour honorer sa mémoire et perpé-

tuer le souvenir de son précieux concours pendant la peste, fit couler en bronze sa statue sculptée par Ramus, un artiste méridional, et la fit ériger sur le Cours, à l'emplacement même où l'évêque ayant fait dresser un autel au milieu des morts et des agonisants, s'était, les pieds nus et la corde au cou, offert à Dieu comme victime expiatoire. Depuis, des nécessités de voirie ayant transformé cette promenade, la statue de l'évêque a été transportée devant la cathédrale, à quelques pas de ce quartier de Saint-Jean si cruellement éprouvé pendant la contagion, où le souvenir des bienfaits de Mgr de Belzunce s'est perpétué par la tradition orale dans une population qui, à côté du cosmopolitisme de la grande cité, est restée jusqu'à ce jour essentiellement marseillaise[1].

Jusqu'ici nous avons vu le gouverneur, les échevins, le viguier, l'évêque et autour d'eux quelques médecins se dévouer au soulagement des malades, et, touchés de l'abandon où était laissée la malheureuse cité frappée par la peste, faire preuve de la plus grande énergie et du plus grand courage. Tous avaient trouvé dans le caractère des fonctions dont

---

[1] Mgr de Belzunce a laissé des *Instructions pastorales*, *l'Antiquité de la ville de Marseille et la succession de ses évêques* (1747-1751, 3 vol.) et quelques autres écrits moins importants.

ils étaient investis celui des obligations qu'ils
avaient à remplir, considérant comme un devoir de
leur charge de se mettre à la tête du mouvement
généreux qui pouvait empêcher la propagation de
la contagion et ramener par ce bel exemple les
esprits pusillanimes à la pratique du bien. Il était
réservé au chevalier Roze, qui n'était ni fonctionnaire, ni médecin, qui n'appartenait pas au clergé,
qui n'occupait aucune situation officielle et n'était
investi d'aucun mandat, de surpasser en quelque
sorte tous ces héros de la charité. Nature d'élite,
cœur généreux, le chevalier Roze, toujours souffrant
de ses blessures et des privations supportées pendant sa captivité, n'hésita pas à offrir ses services
aux échevins. Atteint profondément dans sa fortune par la levée à ses frais des compagnies qu'il
avait menées au combat pour la défense des intérêts
de Philippe V, en Espagne, et par la destruction de
sa maison de commerce d'Alicante que les Anglais
avaient pillée, il créa cependant de ses propres
deniers l'hôpital de Rive-Neuve, le pourvut de tout
ce qui était nécessaire à son bon fonctionnement,
sans se laisser arrêter par des considérations d'argent, dans un moment où il se trouvait à peu près
ruiné. Voilà bien la véritable générosité, qui donne
sans compter, sans espoir de remboursement. La

situation assez médiocre dans laquelle se trouvait alors le chevalier Roze ajoutait un nouveau mérite à une action déjà si louable par elle-même. L'ardente charité qui l'animait lui avait fait découvrir des ressources dans une position plutôt modeste pour tout autre, mais qu'il jugeait toujours suffisante pour lui. La bourse largement ouverte, il distribue des aumônes, paie les médicaments, fournit la viande nécessaire pour alimenter les malheureux qu'il visite journellement. Invulnérable au milieu du danger, on le voit, au plus fort de la contagion, parcourir les quartiers les plus éprouvés, les débarrasser des cadavres entassés dans les rues, exhorter les corbeaux dans leur sombre et pénible travail et, la nuit venue, se mettre à la tête des convois funèbres éclairés par la lumière rougeâtre des torches et se diriger vers les fosses creusées près des remparts. A la Tourrette, pour triompher de l'hésitation des forçats à pénétrer dans cette pourriture humaine, dont la vue est horrible et le contact mortel, il descend de cheval et, donnant l'exemple, il prend un cadavre par une jambe et le précipite dans l'excavation qu'il a découverte sous les bastions assiégés par Jules César. Il a tous les genres de courage, et, pour affronter la mort constamment suspendue sur sa tête, point n'est besoin pour lui de l'entraînement que communiquent au soldat le bruit du canon, l'odeur de la poudre et les sonneries des fanfares guerrières; il va froidement au-devant du danger, au milieu des clameurs et des souffrances des agonisants, ou du silence impressionnant qui plane au-dessus des morts.

Plus tard, son esprit ingénieux, toujours en éveil, lui fera trouver le moyen de ravitailler Marseille, où les navires chargés de blé ne peuvent trouver du lest pour effectuer leur retour. Il propose d'imposer à tous les patrons de barques, tartanes et bateaux de pêche, l'obligation de transporter au Frioul, chaque fois qu'ils sortent, un chargement de pierres et de sable qui doit servir de lest et assurer ainsi le service régulier des approvisionnements de la ville.

Sa générosité, son abnégation, son zèle, qui font l'admiration de ses compatriotes, sont bientôt connus dans toute la Provence, où notre héros est le sujet de toutes les conversations. Sa renommée parvient jusqu'à la cour où le Régent, Philippe d'Orléans, exprime le désir de le connaître. La contagion ayant cessé à Marseille, le chevalier Roze, sur les conseils pressants de ses amis, se décide à partir pour Paris. Ce voyage, qui devait avoir une solution inattendue, fut, par suite d'un accident

insignifiant en lui-même, le dernier événement
important de sa vie.

Arrivé au hameau de la Gavotte, près de Sep-
tèmes, sa voiture ayant besoin de réparation, il dut
s'arrêter et descendit dans une auberge où il assista
à un spectacle qui ne lui était que trop familier.
Dans une chambre du rez-de-chaussée venait de
mourir une femme, dernière victime du fléau
qu'elle n'avait pu éviter en fuyant. Sur un lit aux
rideaux de cretonne rouge, reposait la morte; la
face encore contractée par les derniers spasmes de
l'agonie. A son chevet, une grande et belle personne, abîmée dans une profonde douleur, suffo-
quée par les larmes, n'avait pas aperçu le chevalier
Roze qui se tenait sur le pas de la porte entr'ouverte, profondément ému par cette scène. Ayant
appris que cette demoiselle était la fille de la
défunte, qu'elle se trouvait seule, sans amis ni
parents dans ce village, il s'empressa auprès d'elle,
lui apprit son nom et lui offrit ses services. Après
lui avoir prodigué ses soins, il sut qu'elle se nom-
mait Madeleine Labasset, qu'elle était devenue
orpheline et que la famille de sa mère habitait
Marseille. Il fut convenu qu'après les obsèques il
reconduirait sa jeune protégée chez ses parents, ce
qui fut fait le lendemain. Renonçant au voyage de

Madame Veuve Labasset meurt de la peste dans une auberge du village de la *Gavotte*. Sa fille agenouillée près de la couche mortuaire, se retourne éplorée vers le Chevalier Roze qui, ayant appris le malheur qui la frappe, vient respectueusement lui offrir ses services et sa protection (page 170).

Paris, le chevalier Roze, vivement épris des charmes de la jeune orpheline, l'épousa le 13 juillet 1722, dans une chapelle particulière, dépendante de la paroisse des Pennes.

Dans son *Histoire de la Régence*, Marmontel, consacrant quelques lignes à notre héros, dit :

« Roze, à la honte de sa patrie, mourut dans l'indigence ; sa fille, quoique assez belle, se fit religieuse. »

Lacretelle, dans son *Histoire de France, au XVIII* siècle*, dit également que *le chevalier Roze ne fut point récompensé et qu'il mourut pauvre*. Enfin d'autres auteurs prétendent que sa fille était née en Espagne et que, quoique très belle, elle dut, privée de toute fortune, embrasser la vie religieuse dans le couvent des Bernardines, aujourd'hui le lycée de Marseille.

Nous ignorons où ces différents auteurs ont puisé leurs informations, mais il est certain qu'ils ont été induits en erreur. De renseignements précis émanant de sa famille, il résulte que le chevalier Roze n'eut point d'enfants de son mariage avec Madeleine Labasset, qui n'en eut pas non plus de son second époux, M. de Fort. Quant à son état de fortune, il est évident qu'il n'était plus ce qu'il avait été, mais il était suffisant pour le mettre toute sa vie au-dessus de l'indigence. Sans compter ce

qui pouvait lui rester de son patrimoine, dont il
avait fait un si noble usage, il avait, en sa qualité
de chevalier de Saint-Lazare, une pension sur
l'évêché de Couserans ; d'autre part, son acte de
mariage fait mention de biens assez considérables,
que sa femme lui avait apportés en dot. Enfin, si
même, ce qui est invraisemblable, il avait été
privé de ces diverses sources de revenus, il n'aurait
pas manqué de trouver un soutien dans l'opulence
et l'attachement de son frère aîné, Claude Roze,
avec lequel il vécut toujours dans une intime liai-
son et dans les meilleurs termes.

Nous ne savons ce que l'État fit pour lui, n'ayant
trouvé aucun document mentionnant une libéralité
quelconque. Cette ingratitude a été blâmée avec
raison par les auteurs qui ont consacré quelques
pages au chevalier Roze, et dont l'erreur ne porte
que sur la situation plutôt gênée qu'ils attribuent à
notre héros. Nous venons de démontrer que cette
situation était au moins tolérable, car, malgré sa
générosité, ses revenus, joints à ceux de sa femme,
lui permettaient de maintenir le rang qu'il avait
toujours occupé.

Quant à la ville de Marseille, l'état de ses finances
était alors trop précaire pour qu'elle pût récompenser
dignement les services rendus par le chevalier, ou

même lui rembourser les avances considérables
qui avaient servi à fonder l'hôpital de Rive-Neuve.
Cependant son intention était bien de se libérer,
ainsi que nous en voyons la preuve dans une sorte
de reconnaissance de cette dette, que nous donnons
dans la pièce suivante. C'est le reçu en due forme
d'un acompte dont l'original est consigné dans le
livre des délibérations des échevins :

« Le sieur Bouys, receveur et payeur des deniers
qui regardent la contagion, payera trois mille livres
à M. le chevalier Roze, *à compte des avances qu'il avait
faites pour l'entretien de l'hôpital de la Rive-Neuve ;*
et en rapportant le présent avec acquit, lesdites
trois mille livres seront admises.

« A Marseille, le 6 février 1721.

« Estelle, échevin. »

Il faut supposer que le chevalier Roze, non seulement n'était pas un quémandeur, dans un siècle où
tout était donné à la faveur et aux recommandations,
mais ne faisait même rien pour obtenir la récompense
de ses services. Il négligea, par suite de sa générosité naturelle, d'aller encaisser ces trois mille livres.
Il jugeait sans doute que cette somme était plus
nécessaire dans le trésor de la ville qu'entre ses

mains, car le libellé de l'ordonnance, que nous donnons ci-dessus, ne fait pas mention de la remise de cet acompte, et nous n'y avons constaté aucun acquit.

Sur les soins de tout genre que donna le chevalier Roze à cet hôpital, où dans l'espace de quatre mois il entra plus de trois mille malades, voici ce que rapporte Gautier de Sibert, historiographe des Ordres de N. D. du Mont-Carmel et de Saint-Lazare.

« De notre siècle, le chevalier Roze, animé du même esprit que ses anciens confrères, n'a-t-il pas généreusement prodigué ses biens, exposé sa vie, pendant la peste de Marseille ? On le vit former un hôpital de ses propres fonds, le fournir de lits, linges et autres choses nécessaires à un semblable établissement ; courir lui-même aux confesseurs, médecins et chirurgiens, visiter, avec une chaloupe équipée à ses frais, les vaisseaux qui étaient dans le port ; faire transporter les malades dans les hôpitaux et les morts dans les lieux destinés à leur sépulture. [1] »

Après la cessation de la peste, le chevalier Roze fut nommé capitaine d'infanterie à la suite de la garnison de Marseille. Ce titre purement hono-

[1] Gautier de Sibert : Paris, 1772; t. 2, p. 192.

rifique ne lui avait été donné que pour rappeler les
services qu'il avait rendus à la cause du roi, dans
la guerre d'Espagne. Ses derniers jours se passèrent
dans une retraite calme et heureuse et il s'éteignit
auprès de sa femme, entouré de sa famille et de ses
amis, le 2 septembre 1733, à Marseille, dans une
maison située rue du Poids-de-la-Farine.

Sa vie, si belle à tant de titres, fit l'admiration
de ses contemporains. Quelques jaloux cependant
cherchèrent, sans y arriver, à ternir sa mémoire
et répandirent le bruit que tous ses actes
avaient été inspirés par la vanité. Certes, si la
vanité avait toujours pour mobile un but aussi
louable, elle se ferait facilement excuser. Mais rien
n'est plus absurde, en ce qui concerne le chevalier
Roze, que cette odieuse appréciation des faits. Tout
prouve au contraire que la modestie fut, chez lui,
une qualité qui ne se démentit jamais et qui allait
non seulement jusqu'à dédaigner de solliciter une
récompense ou un titre que méritaient d'ailleurs
ses nombreux services, mais encore jusqu'à oublier
ceux-ci au point de ne pas revendiquer les sommes
considérables qu'il avait avancées pour le soulagement des malheureux pendant la peste, et, précédemment, pour soutenir les intérêts de la France en
Espagne.

Sa mort relativement prématurée, à soixante-deux ans, fut une perte irréparable pour tous ceux qui l'avaient approché ou l'avaient assisté dans son œuvre de dévouement et de charité. La ville de Marseille, voulant reconnaître les services du *premier citoyen de la Phocée des Gaules*, lui fit élever un monument sur les lieux mêmes de ses exploits. Ce monument, érigé sur la place de la Tourrette, se compose d'une colonne surmontée du buste de celui qui fut le bienfaiteur de sa patrie. Une place publique porte également son nom, qui vivra éternellement dans la mémoire des Marseillais, comme synonyme de courage et d'abnégation et comme le plus bel exemple de charité, de désintéressement et de dévoûment à offrir à l'humanité tout entière.

ANNEXES

RÈGLEMENTS, ARRÊTS, DÉCRETS, LOIS

CONCERNANT LA POLICE SANITAIRE

DEPUIS 1683 JUSQU'A NOS JOURS

RÈGLEMENT SUR LES PRÉCAUTIONS A PRENDRE POUR
EMPÊCHER L'INTRODUCTION DE LA PESTE[1]

Fontainebleau, 25 août 1683.

ARTICLE PREMIER. — S. M. ordonne aux capitaines
et autres officiers de ses vaisseaux, galères et
autres bâtiments, d'éviter, autant qu'il sera possible,
toute sorte de commerce dans les lieux suspects de
mal contagieux, et en cas que par une absolue
nécessité d'y faire du bois et de l'eau, et d'avoir
des rafraîchissements, et autres besoins indispensables, il fussent obligés d'envoyer des chaloupes
ou caïques à terre, S. M. veut qu'ils y fassent
embarquer un officier pour empêcher que les mariniers desdites chaloupes ou caïques n'y achètent
aucunes marchandises, ni d'autres hardes que celles
qui leur seront indispensablement nécessaires pour
être en état de faire le service.

ART. 2 — Les vaisseaux, galères et autres bâtiments

[1] ISAMBERT : *Recueil général des anciennes lois françaises.*

qui reviendront à Toulon ou à Marseille mouilleront,
savoir : les vaisseaux et autres bâtiments, à Saint-
Georges ou devant le Lazaret, et les galères aux îles de
Marseille ; et aussitôt qu'ils y seront arrivés et que
le temps le permettra, le commandant de l'escadre
ou le capitaine particulier du vaisseau ou de la
galère en fera avertir l'intendant de la marine ou des
galères, par une chaloupe ou caïque qu'il enverra
avec un officier au bureau de la Santé, et ne permettra
à aucun officier ou matelot, marinier de rame ou
soldat, d'aller à terre, qu'auparavant un commissaire
de marine ou des galères, assisté des médecins et
chirurgiens du port et d'un officier de la Santé, n'ait
été auprès des bâtiments s'informer du lieu d'où ils
viennent, s'ils ont eu quelques pratiques en des pays
infectés dudit mal, et s'il n'y a personne qui en soit
attaqué, s'ils y ont embarqué quelques marchandises,
moutons, volailles, et autres rafraîchissements ou
passagers, et le temps qu'il y a qu'ils en sont
partis.

Art. 3 — Ledit commissaire de marine ou des
galères et officiers de Santé, étant assurés par le rapport du commandant et par le rapport du maître
chirurgien, qu'il n'y en a aucun attaqué de ce mal,
que l'on n'a pratiqué en aucune ville infectée de
peste ni en commerce avec aucuns bâtiments venant

du Levant ou autres lieux suspects de ce mal, ni embarqué de marchandises ou rafraîchissements susceptibles de peste, ou passagers venant desdits lieux ; lesdits commissaires, médecin, chirurgien du port et l'officier de la Santé entreront dans lesdits bâtiments, et iront recevoir la déclaration signée des capitaines de l'exposition qu'ils auront faite, qu'ils seront obligés de donner fidèle, sous peine de cassation, pour être lesdites déclarations enregistrées au bureau de la Santé, ensuite de quoi les susdits officiers feront leur visite, et l'entrée du port leur sera donnée sans retardement.

Art. 4. — Les bâtiments qui auront été obligés de mouiller en des lieux attaqués de peste, sans y avoir eu commerce, et qui auront ensuite demeuré douze ou quinze jours en mer, seront pareillement reçus dans les ports de Toulon et de Marseille, après avoir été visités en la manière ci-dessus prescrite.

Art. 5. — S'il avait été embarqué sur lesdits bâtiments quelques marchandises ou rafraîchissements susceptibles de peste, S. M. veut qu'à leur arrivée toutes les marchandises et hardes des officiers et des équipages et chiourmes soient débarquées au Lazaret, pour y faire la quarantaine ordinaire ; que les vaisseaux, galères et autres bâtiments

et les hommes, soient parfumés avec un très grand
soin ; les voiles, pavillons, et autres choses susceptibles de peste, soient éventés, et, ne paraissant
aucune marque de peste, huit jours après le commencement de la quarantaine l'entrée du port soit
donnée auxdits bâtiments, officiers et hommes de
l'équipage et chiourmes.

ART. 6. — S'il arrivait qu'il se trouvât quelqu'un
attaqué de ce mal, S. M. veut que les officiers, les
équipages, chiourmes, leurs hardes et toutes les
choses susceptibles de contagion, soient mises au
Lazaret, et que les vaisseaux, galères et autres
bâtiments, après avoir été parfumés, fassent quarantaine entière, savoir : les vaisseaux et autres
bâtiments au Morillon, en observant de s'éloigner
le plus qu'il se pourra de la ville de Toulon, et les
galères aux îles de Marseille ; lesquels vaisseaux,
galères et autres bâtiments soient gardés par les
gardes de la Santé.

ART. 7. — A l'égard des officiers, équipages et
chiourmes, ils seront parfumés quatre fois, à trois
jours d'intervalle, ensuite de quoi, après avoir
changé de tout habillement, ils seront visités de
nouveau, et en cas qu'il ne s'en trouve aucun attaqué dudit mal, l'entrée leur sera donnée.

ART. 8. — Les vaisseaux, galères et autres bâti-

ments qui reviendront à Toulon ou à Marseille,
pour caréner, espalmer, se remâter, ou prendre
des vivres, mouilleront, savoir : les vaisseaux ou
autres bâtiments au Gros Saint-Georges, et les
galères aux îles de Marseille, et y recevront tous
leurs besoins avec les précautions dont il sera convenu avec les intendants de marine et des galères
et les officiers de Santé.

Art. 9. — S. M. veut que, dans les cas inopinés
qui pourraient arriver à l'avenir, il y soit pourvu
par les intendants de marine et des galères et par
les officiers de la Santé de Toulon et de Marseille,
et qu'ils en donnent avis aussitôt au commandant
de la province et à l'intendant de justice, police et
finances qui y est établi.

Art. 10. — S. M. défend, sous peine de cassation
à l'égard des officiers, et de punition corporelle à
l'égard des matelots, mariniers de rame et autres
gens de l'équipage, de descendre à terre aux environs de la rade de Toulon et de Marseille, qu'après
que l'entrée aura été donnée auxdits vaisseaux ou
galères.

Art. 11. — Défend pareillement, S. M., auxdits
capitaines de vaisseaux, galères et autres bâtiments
venant du Levant, et autres lieux soupçonnés de
peste, d'envoyer à terre aucun homme de leur

équipage, ni de laisser débarquer aucune chose en quelque endroit de la côte de Provence où ils se pourront trouver, si la nécessité du service n'y oblige, et sans la permission des officiers de Santé qui se trouveront sur les lieux.

————

ORDONNANCE concernant les précautions à prendre pour éviter la communication des maladies contagieuses, et notamment de celles de Siam.

Fontainebleau, 25 Juillet 1708.

S. M. étant informée des désordres que la maladie de Siam a causés jusqu'à présent dans les îles de l'Amérique qui sont sous son obéissance, et qu'on peut espérer d'éviter ses fréquents renouvellements, en apportant les précautions nécessaires pour empêcher qu'elle se forme et communique des bâtiments, dont les équipages en sont attaqués, à d'autres, et en donnant les soins qui conviennent pour en arrêter les suites; et voulant y pourvoir, elle a ordonné et ordonne ce qui suit:

ARTICLE PREMIER. — Il ne sera expédié aucun navire ou bâtiment des ports du royaume pour les

îles françaises de l'Amérique, qu'après que les
capitaines les auront fait nettoyer et parfumer
entre les ponts, et que les vivres embarqués pour
le voyage auront été reconnus de bonne qualité
et dans la quantité suffisante, par les officiers de
l'amirauté qui seront tenus de faire la visite des
bâtiments et vivres et de donner leur certificat du
bon état d'iceux en même temps que leurs autres
expéditions, lequel les capitaines seront tenus de
représenter à l'intendant ou autres officiers établis
pour la police dans les quartiers où ils aborderont,
pour y mettre leur vu et être ensuite rapporté, à
peine contre les contrevenus de mille livres d'amende,
applicable aux hôpitaux des îles où leurs bâtiments
arriveront

Art. 2. — Fait, S. M., défense aux capitaines, tant
de ses vaisseaux que de ceux de ses sujets, de mettre
aucuns de leur équipage ou passagers à terre qu'ils
n'aient auparavant fait avertir l'intendant de l'état
où ils se trouvent, par rapport à la santé, à peine
contre les premiers d'interdiction pour six mois, et
de mille livres d'amende contre les autres, applicables comme dessus; et en cas qu'il y ait quelque
mal contagieux dans les équipages ou passagers,
veut S. M., que lesdits capitaines établissent incessamment des tentes dans les lieux qui leur seront

indiqués aux environs de la rade sous le vent des quartiers, pour y mettre les malades, auxquels ils feront donner les secours convenables, obligeant à cet effet le chirurgien du bord de les voir continuellement, et avertissant le médecin du lieu, s'il y en a, de les visiter une fois le jour, pour ordonner les remèdes qui leur seront nécessaires.

Art. 3. — Ceux des matelots et autres qui mourront de la maladie dont il s'agit, seront enterrés dans des cimetières éloignés et dans des fosses profondes, et les hardes qui leur auront servi étant malades, brûlées, à moins qu'elles ne fussent de valeur, auquel cas, elles seront parfumées et mises à l'air pendant quinze ou vingt jours ; faisant défense de n'en vendre aucune que de ces dernières, à peine contre les matelots et soldats de privation de leur solde pendant un mois, et d'être mis sur le cheval de bois pendant trois jours consécutifs, et contre les autres de cent cinquante livres d'amende, applicables comme dessus.

Art. 4. — S'il se trouvait à bord quelques officiers de S. M. ou passagers de distinction attaqués de la dite maladie, l'intendant ou commissaire, de concert avec le médecin du lieu où le bâtiment sera mouillé, conviendront de l'endroit où ils seront débarqués et de la manière dont ils seront traités ;

les secours spirituels leur seront administrés, sans
cérémonie, et, en cas de mort, ils seront enterrés
comme il est ci-dessus expliqué.

Art. 5. — Les chirurgiens du bourg de la Martinique seront obligés d'avertir le médecin des maladies qu'ils traiteront et de la qualité de leurs
malades, et de prendre ses avis, à peine d'être privés de leurs fonctions pendant six mois et de prison pendant quinze jours.

Art. 6. — Les bâtiments faisant la traite des
nègres, étant les plus sujets à la maladie, S. M.
défend aux capitaines qui les commanderont de
laisser descendre à terre aucune personne du bord,
et d'en vendre aucun avant que la visite de l'équipage ait été faite par les médecins ou chirurgiens
établis dans les quartiers, suivant les ordres de
l'intendant ou du commissaire, et, en cas de maladie
dans les nègres ou équipages, lesdits bâtiments
feront une quarantaine dans l'endroit qui sera désigné, en observant de mettre dans un bâtiment particulier tous les gens de santé, où ils seront parfumés pendant vingt-quatres heures, d'en user de
même lors de la guérison des autres, et par les
capitaines de faire ce qui leur sera prescrit par les
intendants ou commissaires, le tout à peine de 50
livres d'amende contre eux, applicable comme dessus

par chaque personne qui aura contrevenu, et de plus grande punition s'il échoit.

ART. 7. — Veut au surplus S. M., que les ordonnances qu'elle a rendues à ce sujet soient exécutées suivant leur forme et teneur; mande S. M. à monsieur le comte de Toulouse, amiral de France etc..., de tenir la main à l'exécution du présent règlement, et enjoint au sieur de Machault, gouverneur et lieutenant-général, au sieur Vaucresson, intendant, aux gouverneurs particuliers, commissaires ordonnateurs et tous autres officiers des Iles qu'il appartiendra; aux commissaires de la marine et aux officiers de l'amirauté, de tenir ponctuellement la main, chacun en droit soi, à l'exécution dudit règlement qui sera publié, etc...

Marly, 28 Août 1713 (Arch.).

ORDONNANCE portant règlement sur les précautions à prendre pour prévenir la communication d'un mal contagieux existant dans les pays voisins.

Versailles, 6 septembre 1730 (Arch.).

Ordonnance concernant la patente de santé que
doivent prendre les capitaines et patrons de bâtiments qui commercent dans les Échelles du Levant
et de Barbarie.

Marly, 28 janvier 1748 (Rec. coss.).

Ordonnance portant règlement au sujet des
patentes de santé que les capitaines, patrons et
autres mariniers qui naviguent d'un port à l'autre
de Provence, Languedoc et Roussillon, doivent
prendre, tant pour eux que pour les personnes qu'ils
embarquent.

S. M. étant informée que, nonobstant les précautions portées dans les différents règlements rendus
sur le fait de la santé, les capitaines, patrons et
autres mariniers qui naviguent d'un port à l'autre
de la Provence, Languedoc et Roussillon, négligent
de prendre des patentes de santé, tant pour eux que
pour les passagers qu'ils embarquent, ce qui favo-
rise le débarquement clandestin de ces passagers
et le versement des marchandises qu'ils ont embar-

quées, et estimant nécessaire de remédier à un
pareil abus, qui pourrait avoir des suites dangereuses pour la santé publique, S. M. a ordonné et
ordonne ce qui suit :

ARTICLE PREMIER. — Tout capitaine, patron ou
marinier naviguant d'un port à un autre des provinces de Provence, Languedoc et Roussillon, sera
obligé, avant son départ, de prendre une patente
de santé, contenant le nombre d'hommes qui com-
poseront son équipage, conformément au rôle arrêté
au bureau des classes, qu'il sera tenu de représenter
aux officiers de santé, et ne pourra embarquer
aucuns passagers, s'ils ne sont pourvus d'une patente
de santé, lorsqu'elle ne pourra être expédiée qu'en
vertu d'un billet que lesdits passagers auront pris
préalablement au bureau des classes, pour justifier
qu'ils se sont présentés audit bureau, et qu'ils y
ont été inscrits sur le rôle de l'équipage conformément à ce qui est porté par le règlement du
2 mars 1737, à peine, pour les contrevenants, de six
mois de prison et de trois cents livres d'amende
applicable à l'hôpital le plus prochain du lieu où
le cas arrivera.

ART. 2. — Lesdits capitaines, patrons ou mariniers, feront viser leurs patentes par les officiers de
santé, dans tous les ports où ils relâcheront, et feront

leur déclaration, non seulement du lieu de leur départ, des relâches qu'ils auront faites pendant leur route, mais encore des bâtiments qu'ils auront rencontrés, soient qu'ils aient communiqué avec eux ou non, sous les peines portées par le précédent article.

Art. 3. — Les passagers qui se débarqueront à l'insu du maître du bâtiment, et avant qu'il ait rempli les formalités ci-dessus établies, seront condamnés à trois mois de prison et à payer cinq cent dix livres d'amende; les capitaines ou patrons seront tenus d'en avertir les officiers de santé dès qu'ils auront reçu l'entrée; et, au cas qu'ils se cachent, les capitaines ou patrons seront condamnés à la peine portée dans l'article premier.

Art. 4. — Les passagers qui se débarqueront de force et après avoir été avertis par le maître du bâtiment des peines portées par le présent règlement, subiront la peine portée dans l'article premier, dans le cas où il ne s'agira que du simple débarquement de leur personne.

Si les capitaines, patrons, mariniers ou passagers, débarquent furtivement des marchandises ou pacotilles qui doivent être regardées comme suspectes, tant pour les intérêts de l'État que pour la conservation de la santé publique, lesdites marchandises

et pacotilles seront confisquées, savoir : un tiers au
profit du dénonciateur et les deux autres au profit
de S. M. et les contrevenants seront condamnés aux
galères pour le terme de trois années. Entend néanmoins S. M. que le présent règlement ne dérogera
en rien aux peines établies par celui du 25 août 1683,
au sujet des bâtiments venant du Levant et de Barbarie, ou de tout autre pays suspect ou contaminé.
Enjoint S. M. à tous les intendants et officiers des
bureaux de santé établis dans les ports de Provence,
Lauguedoc et Roussillon, de faire transcrire ledit
règlement sur les registres des délibérations de leurs
bureaux, pour y avoir recours en cas de besoin.
Mande et ordonne S. M., etc. etc.

Arrêt du Conseil portant défense de faire quarantaine en tous autres ports et lazarets que Marseille et Toulon.

Fontainebleau, 14 octobre 1762 (Rev. Cons. d'État).

Arrêt du Conseil souverain sur les mesures à prendre contre la maladie de la lèpre.

10 décembre 1786 (*Code de la Martinique*, tome 3, p. 713.).

Arrêt du Conseil portant règlement sur les fonctions et les travaux de la Société royale de médecine, relativement aux épidémies.

Versailles, 24 avril 1786 (*R. S. C.*).

Le roi s'étant fait rendre compte des différents moyens employés depuis son avènement à la couronne pour prévenir les épidémies et en arrêter les effets, S. M. a vu avec satisfaction que la Société royale de médecine, à laquelle elle a accordé sa confiance sur des soins aussi importants, y avait répondu avec le zèle et les lumières qu'elle devait en attendre. En même temps que le roi croit devoir reconnaître et récompenser ses services, S. M. a voulu rendre encore plus utiles les travaux de cette compagnie, en réglant la manière dont ils doivent être suivis, et celle dont elle devra, dans les différentes circonstances, répondre aux ordres et aux vues du gouvernement. A quoi voulant pourvoir :

13

ouï le rapport, etc... le roi, étant en son conseil, a
ordonné et ordonne ce qui suit :

Article premier. — Veut S. M. que les associés
ordinaires de la Société royale de médecine soient
assidus aux assemblées de cette compagnie, et
qu'ils contribuent à la plus grande utilité de ses
travaux, en lisant des mémoires dans ces assemblées, en se chargeant des rapports et examens pour
lesquels ils seront nommés, en assistant aux divers
comités dont ils pourront être membres, enfin en
remplissant les diverses fonctions pour lesquelles
la Société jugera à propos de les commettre.

Art. 2. — Il sera établi, dans le sein de la Société
royale, un comité composé du président de cette
compagnie, du premier médecin du roi, en sa qualité d'inspecteur général des épidémies, conformément à l'article 2 des lettres patentes du mois
d'août 1778, du vice-président, du directeur, du
vice-directeur, du secrétaire perpétuel en sa qualité de commissaire-général pour les épidémies,
conformément à l'article 3 de l'arrêt du Conseil du
29 avril 1776 et de quatre associés ordinaires.

Art. 3. — Lesdits quatre associés ordinaires
seront élus par la voie du scrutin, dans la première
séance qui suivra la publication du présent règlement, et deux d'entre eux seront renouvelés de même

chaque année, dans la seconde séance qui suivra les
fêtes de Pâques.

ART. 4. — Les noms des membres de ce comité
seront remis chaque année par le président de la
Société royale, tant au secrétaire d'État ayant la
ville de Paris dans son département qu'au contrôleur-général des finances.

ART. 5. — Les fonctions de ce comité seront de
veiller à ce que les recherches faites sur la topogra-
phie médicale du royaume, dont S. M. désire particulièrement l'avancement et la perfection, sur la
température des saisons, celles sur l'histoire et le
traitement des maladies épidémiques et contagieuses
qui peuvent affecter les hommes et les bestiaux,
soient suivies avec l'activité et le soin que ces
objets demandent, et de concourir, avec le secrétaire perpétuel de la compagnie, à la rédaction des
ouvrages qui seront la suite de ces recherches, et
qui doivent faire partie des recueils de la Société
royale.

ART. 6. — Et attendu, que la Société royale est
dans son institution et par l'article 9 des lettres
patentes du mois d'août 1778, essentiellement et
particulièrement chargée de s'occuper des maladies
épidémiques, l'intention de S. M. est que cette compagnie soit consultée sur tous les objets relatifs à

l'histoire et aux moyens préservatifs et curatifs des épidémies, et que, suivant l'exigence des cas, le président de la Société nomme des commissaires pour en faire le rapport, ou qu'il en charge le comité des épidémies.

Art. 7. — Le roi, voulant être continuellement instruit de la situation de son royaume relativement aux épidémies qui peuvent affliger ses sujets, afin d'y apporter les secours les plus prompts et les plus efficaces ; et S. M. ayant fait donner aux intendants et commissaires départis dans les provinces les ordres d'être, à cet égard, dans la correspondance la plus exacte avec le contrôleur-général des finances, S. M. fera communiquer à la Société royale ces objets pour avoir son avis.

Art. 8. — Si, pour arrêter l'effet des maladies épidémiques, les circonstances demandaient dans les provinces la présence et les secours de quelques membres de la Société royale, le ministre des finances, de concert avec le secrétaire d'État du département, le ferait connaître à cette compagnie, en la chargeant de présenter ceux de ses associés qui lui paraîtraient pouvoir remplir les vues de S. M. et être chargés de l'exécution de ses ordres.

Art. 9. — Toutes les fois que les intendants et commissaires départis dans les provinces charge-

ront les médecins ou chirurgiens choisis par eux
de veiller au traitement d'une épidémie, ils leur
demanderont un compte exact de leurs observations
sur la nature de cette maladie ; ces observations
seront adressées par les intendants et commissaires
départis au contrôleur-général des finances qui les
enverra à la Société royale de médecine, pour être
réunies par elle dans un corps complet d'ouvrage ;
et s'il est nécessaire que quelques-unes de ces observations soient publiées dans un recueil ou journal
particulier, ces divers écrits seront auparavant com-
muniqués à la Société royale de médecine, pour être
examinés par elle et publiés sur son approbation.

ART. 10. — Pour parvenir à établir des principes
communs dans tout le royaume, relativement aux
épidémies, S. M. ordonne que les intendants et commissaires départis dans les provinces enverront incessamment au contrôleur-général des finances, des
mémoires sur les moyens qu'ils emploient actuelle-
ment, chacun dans leur généralité, pour combattre
les épidémies, sur ceux qu'ils croiront devoir y
être substitués, sur les fonds qui ont été appliqués
chaque année à cet objet, depuis et compris
l'année 1779 ; sur la manière dont ils ont été acquittés ;
enfin sur les secours qu'ils peuvent attendre de
l'amour du roi pour ses peuples.

Art. 11. — Le premier médecin du roi, en sa qualité d'inspecteur général des épidémies, et le secrétaire perpétuel, en sa qualité de commissaire général des épidémies, veilleront toujours particulièrement à tout ce qui concerne le traitement de ces maladies, ainsi qu'à l'exécution des ordres que S. M. fera pour en préserver ses États. Tous les objets relatifs aux épidémies et aux maladies contagieuses continueront d'être dans le département des finances, et renvoyés par lui à la Société royale de médecine, pour y être traités comme tous ceux dont elle est chargée, et, dans le cas où les ordres nécessaires pourraient concerner différents départements, ils seront concertés entre le secrétaire d'État et le contrôleur-général, sur le rapport qui leur sera fait par l'inspecteur général des épidémies. Ledit commissaire général sera tenu de rendre compte tous les trois mois au ministre des finances de la correspondance sur ces différents objets.

Art. 12. — Les encouragements que S. M. a déjà accordés et ceux qu'elle pourra encore donner à la Société royale, ayant pour but de perfectionner ses travaux, d'exciter une émulation générale parmi les médecins et chirurgiens qui peuvent y concourir et de réunir dans les mémoires ou recueils de cette compagnie les diverses observations qu'ils

auront occasion de faire dans les provinces, S.M.
prendra les mesures convenables pour remplir ces
vues d'utilité publique.

Art. 13. — Le présent règlement sera lu dans la première assemblée de la Société royale de médecine, qui suivra sa publication ; et il sera inséré dans ses registres pour être exécuté suivant sa forme et teneur.

Ordonnance qui interdit l'approche des lieux destinés à la quarantaine de Marseille, à tous ceux qui ne seront pas en purge ou qui ne sont pas commis pour le bureau de Santé.

Versailles, 27 août 1786 (*R. s. c.*) en vigueur.

S. M. étant informée que des personnes, autres que celles qui sont employées au service de la Santé, parcourent librement l'île de Pomègue, où est le port de la quarantaine et s'approchent du rivage sur lequel est situé le lazaret de Marseille, et étant convaincue que cette fréquentation peut compromettre la santé publique, par la facilité qu'elle donne de communiquer avec les objets qui sont soumis à la quarantaine, et qu'il est instant de

pourvoir à de pareils abus, qui pourraient avoir les
suites les plus dangereuses ; elle a fait et fait très
expresse inhibition et défenses à tous maîtres,
patrons et mariniers de bâtiments, bateaux, chaloupes, de quelque espèce que ce soit, des côtes de
Provence, Languedoc, Roussillon, d'Espagne, de
Gênes et des Deux-Siciles, et à toutes personnes de
quelque état et condition qu'elles soient, qui ne
seront pas en purge ou commises pour le service du
bureau de la Santé de Marseille, d'aborder l'île de
Pomègue et son port, ni les environs des infirmeries
du lazaret de Marseille, depuis la pointe de Porte-
galle jusqu'à celle de Saint-Martin d'Arène, et notamment de descendre sur le rocher dit *l'Emeraude*,
sous quelque prétexte que ce puisse être, même
ceux de pêche ou de bain, à peine d'une année de
prison, de trois cents livres d'amende, de confiscation,
tant des bâtiments que des filets, marchandises et autres effets qui y seront trouvés, et de plus grande s'il
échoit, suivant les circonstances des cas ; voulant
S. M. que toutes lesdites amendes ainsi que le
produit des confiscations soient appliqués, savoir : un
tiers aux dénonciateurs ou qui feront la capture des
contrevenants, un autre tiers aux hôpitaux de la
ville de Marseille et le dernier tiers aux réparations
et augmentations des bâtiments des infirmeries ;

fait aussi défense aux maîtres et patrons de vaisseaux, barques et autres bâtiments étant en purge,
et mouillés audit port de Pomègue, de souffrir
l'approche d'autres bâtiments non sujets à quarantaine, sous les peines ci-dessus prononcées. Enjoint
S. M. aux employés des fermes de Marseille et à
ceux répandus sur la côte, qui auraient fait des
saisies ou des visites à la mer, de n'aborder à terre
qu'après avoir fait leur déclaration aux officiers de
santé, et de ne se rendre sur l'île de Pomègue, dans
les cas qui l'exigeront, qu'après s'être munis de la
permission desdits officiers, qui leur donneront un
garde s'il y a lieu. Enjoint aussi S. M. au commandant du château d'If de prescrire au corps de garde
d'invalides qui servent la batterie de Pomègue
d'empêcher l'abord sur l'île des personnes qui ne
seront pas munies d'un ordre dudit commandant
pour le service du roi, ou d'une permission du
bureau de la Santé pour le service de la quarantaine, veut S. M. que les intendants de la Santé de
Marseille tiennent la main à l'exécution de la
présente ordonnance, qu'ils la fassent signifier,
lire, publier et afficher, à qui et dans tous les
lieux où besoin sera, à ce que personne n'en prétende
cause d'ignorance.

Procès-verbal de signature

Séance du 19 *mars* 1897

PRÉSIDENCE DE S. EXC. M. LE COMTE BONIN-LONGARE

Le 19 mars 1897, la conférence sanitaire internationale s'est réunie en séance plénière à neuf heures du matin, dans la salle de ses séances.

Étaient présents :

Pour l'Allemagne : M. Otto de MUHLBERG.

Pour l'Autriche-Hongrie : Comte Henri de LÜTZOW.

Pour l'Autriche : Chevalier de KURY.

Pour la Hongrie : THYSER.

Pour la Belgique : BÉCO ; VAN ERMENGEN.

Pour le Danemarck : Comte de RENUTLOW.

Pour l'Espagne : DE CORSI Y RIVAS.

Pour la France : BARRÈRE ; BROUARDEL ; PROUST.

Pour la Grande-Bretagne et les Indes : Herber ; Thorn-Thorn ; J. Clégorn ; Lane Lotter.

Pour la Grèce : Zancorol.

Pour l'Italie : Comte de Longare ; Passera ; Mayor Des Planches ; Santoliquido ; Foa.

Pour le Luxembourg : Béco ; Van Ermengen.

Pour le Monténégro : De Lutzow.

Pour les Pays-Bas : Ruysch.

Pour la Perse : Payonote Bey.

Pour le Portugal : Souarez ; Sonza Martins.

Pour la Russie : Yonine, Loukianow.

Pour la Serbie : J. Batut.

Pour la Suisse ; Carlin ; Schmid.

Pour la Turquie : Cozzonis Effendi.

M. le président présente à la conférence le texte authentique du projet de convention et le règlement général où sont consignés les résultats des travaux de la conférence. Il invite les délégués à signer cette convention et le règlement général qui y est annexé.

Après quelques observations présentées par le représentant de la Grande-Bretagne, en ce qui touche les ports indiens, lorsqu'ils seront contaminés, le pèlerinage de la Mecque et les dépenses à supporter par le gouvernement égyptien, le présent procès-verbal est signé par tous les délégués, et une copie authentique de la convention et du règlement général contre la propagation de la peste y sera annexée.

(Suivent les signatures.)

CONVENTION

Les puissances ci-devant dénommées et représentées par les mandataires dont les noms et titres figurent au procès-verbal et dont les pouvoirs ont été trouvés en bonne et due forme sont convenues des dispositions suivantes touchant les régions contaminées de peste, ainsi qu'à l'égard des provenances de ces régions :

I. — Sont adoptées les mesures indiquées et précisées dans le *règlement sanitaire général pour prévenir l'invasion de la propagation de la peste*, annexé à la présente convention, lequel a la même valeur que s'il y était incorporé ;

II. — Il sera recommandé aux autorités compétentes du Maroc d'appliquer, dans les ports de ce pays, des mesures en harmonie avec celles prévues dans le règlement susmentionné ;

III. — Les pays qui n'ont pas pris part à la conférence ou qui n'ont pas signé la convention, pourront y accéder sur leur demande.

Cette adhésion sera notifiée, par la voie diplomatique, au gouvernement royal d'Italie, et, par celuici, aux autres gouvernements signataires;

IV. — La présente convention aura une durée de cinq ans à compter de l'échange des ratifications. Elle sera renouvelée de cinq en cinq années, par tacite reconduction, à moins que l'une des hautes parties contractantes n'ait notifié six mois avant l'expiration de ladite période de cinq années, son intention d'en faire cesser les effets.

Dans le cas où l'une des puissances dénoncerait la convention, cette dénonciation n'aurait d'effet qu'à son égard;

V. — Les hautes parties contractantes se réservent la faculté de provoquer, par la voie diplomatique, les modifications qu'elles jugeraient nécessaires d'apporter à la convention ou à son annexe.

La présente convention sera ratifiée, les ratifications en seront déposées à Rome le plus tôt possible et au plus tard dans le délai d'un an, à dater du jour de la signature.

En foi de quoi, les plénipotentiaires respectifs l'ont signée et y ont apposé leurs cachets.

Fait à Venise, en dix-huit exemplaires, le 19 mars 1897.

(Signatures.)

Extrait du règlement sanitaire général
pour prévenir l'invasion et la propagation de la peste.

CHAPITRE II

MESURES A PRENDRE EN EUROPE[1]

TITRE PREMIER. — *Mesures destinées à tenir les gouvernements signataires de la convention au courant de l'état d'une épidémie de peste, ainsi que des moyens employés pour éviter sa propagation et son importation dans les endroits internes.*

Notification et communication ultérieures

Le gouvernement du pays contaminé doit notifier aux divers gouvernements l'existence de tout cas de peste. Cette mesure est essentielle.

Elle n'aura de valeur réelle que si celui-ci est

---

[1] Le but de cet ouvrage étant de s'occuper de la police sanitaire en Europe et surtout en France, nous avons cru devoir nous abstenir de donner ici un plus grand développement aux prescriptions du chapitre 1 spécial aux mesures à prendre hors d'Europe. On en trouvera d'ailleurs, si on le désire, le texte complet dans l'ouvrage de M. PROUST : *La défense de l'Europe contre la peste.*

prévenu lui-même des cas de peste et des cas douteux survenus sur son territoire. On ne saurait donc
trop recommander aux divers gouvernements la
déclaration obligatoire des cas de peste par les
médecins.

L'objet de la notification sera l'existence de cas
de peste, l'endroit où ces cas ont paru, la date de
leur apparition, le nombre des cas contestés et
celui des décès.

La notification sera faite aux agences diplomatiques ou consulaires dans la capitale du pays contaminé. Pour les pays qui n'y sont pas représentés,
la notification sera faite directement par télégraphe
aux gouvernements étrangers.

Cette première notification sera suivie de communications ultérieures données d'une façon régulière, de manière à tenir les gouvernements au
courant de la marche de l'épidémie. Ces communications se feront au moins une fois par semaine.

Les renseignements sur le début et la marche de
la maladie devront être aussi complets que possible.
Ils indiqueront plus particulièrement les mesures
prises en vue de combattre l'extension de l'épidémie.
Ils devront préciser les mesures prophylactiques
adoptées relativement :

A l'inspection sanitaire ou à la visite médicale ;

A l'isolement ;

A la désinfection ;

Et les mesures prescrites au point de vue du
départ des navires et de l'exportation des objets
susceptibles.

Il est entendu que les pays limitrophes se
réservent de faire des arrangements spéciaux en vue
d'organiser un service d'informations directes entre
les chefs des administrations des frontières.

Le gouvernement de chaque État sera tenu de
publier immédiatement les mesures qu'il croit
devoir prescrire au sujet des provenances d'un
pays ou d'une circonscription territoriale contaminée.

Il communiquera aussitôt cette publication à
l'agent diplomatique ou consulaire du pays contaminé, résidant dans sa capitale. A défaut d'agence
diplomatique ou consulaire dans la capitale, la communication se fera directement au gouvernement
du pays intéressé.

Il sera tenu également de faire connaître par les
mêmes voies le retrait de ces mesures ou les modifications dont elles seraient l'objet.

Titre II. — *Conditions dans lesquelles une circonscription territoriale doit être considérée comme contaminée ou saine.*

Est considérée comme contaminée toute circonscription où a été constatée officiellement l'existence de cas de peste.

N'est plus considérée comme contaminée toute circonscription dans laquelle la peste a existé, mais où, après constatation officielle, il n'y a eu ni décès, ni cas nouveau de peste depuis dix jours après la guérison ou la mort du dernier pesteux, à condition que les mesures de désinfection nécessaires aient été exécutées.

Les mesures préventives seront appliquées au territoire contaminé à partir du moment où des cas de peste auront été officiellement constatés.

Ces mesures cesseront d'être appliquées, dès qu'il aura été officiellement constaté que la circonscription est redevenue saine.

Ne sera pas considéré comme autorisant l'application de ces mesures, le fait que quelques cas importés se sont manifestés dans une circonscription territoriale, sans donner lieu à des cas de transmission.

Titre III. — *Nécessité de limiter aux circonscriptions territoriales contaminées les mesures destinées à empêcher la propagation de l'épidémie.*

Pour restreindre les mesures aux seules régions atteintes, les gouvernements ne doivent les appliquer qu'aux provenances des circonscriptions contaminées.

Mais cette restriction limitée à la circonscription contaminée ne devra être acceptée qu'à la condition formelle que le gouvernement du pays contaminé prenne les mesures nécessaires pour prévenir l'exportation des objets susceptibles provenant de la circonscription contaminée.

Quand une circonscription est contaminée, aucune mesure restrictive ne sera prise contre les provenances de cette circonscription, si ces provenances l'ont quittée cinq jours au moins avant le premier cas de peste.

Titre IV. — *Marchandises ou objets susceptibles envisagés au point de vue de défense d'importation ou de transit et de la désinfection.*

I. — *Importation et transit*

Les objets ou marchandises susceptibles, qui peuvent être prohibées à l'entrée, sont :

1° Les linges de corps, hardes et vêtements portés (effets à usage), les literies ayant servi.

Lorsque ces objets sont transportés comme bagages ou à la suite d'un changement de domicile (effets d'installation), ils sont soumis à un régime spécial.

Les paquets laissés par les soldats et les matelots et renvoyés dans leur patrie après décès sont assimilés aux objets compris dans le § 1er, qui précède ;

2° Les chiffons et drilles, sans en excepter les chiffons comprimés par la force hydraulique, qui sont transportés comme marchandises en ballots ;

3° Les sacs usés, les tapis, les broderies ayant servi ;

4° Les cuirs verts, les peaux non tannées, les peaux fraîches ;

5° Les débris frais d'animaux, onglons, sabots, crins, poils, soies et laines brutes ;

6° Les cheveux.

Le transit des marchandises ou objets susceptibles, emballés de telle façon qu'ils ne puissent être manipulés en route, ne doit pas être interdit.

De même, lorsque les marchandises ou objets susceptibles sont transportés de telle façon qu'en cours de route ils n'aient pu être en contact avec des objets souillés, leur transit à travers une circonscription territoriale contaminée ne doit pas être un obstacle à leur entrée dans le pays de destination.

Les marchandises et objets susceptibles ne tomberont pas sous l'application des mesures de prohibition à l'entrée, s'il est démontré à l'autorité du pays de destination qu'ils ont été expédiés cinq jours au moins avant le premier cas de peste.

Il n'est pas admissible que les marchandises puissent être retenues en quarantaine, aux frontières de terre. La prohibition pure et simple ou la désinfection sont les seules mesures qui puissent être prises.

II. — Désinfection

Bagages. — La désinfection sera obligatoire pour le linge sale, les hardes, vêtements et objets qui font partie de bagages ou de mobiliers (effets d'ins-

tallation) provenant d'une circonscription territoriale déclarée contaminée et que l'autorité sanitaire
locale considérera comme contaminés.

Marchandises. — La désinfection ne sera appliquée qu'aux marchandises et objets que l'autorité
sanitaire locale considérera comme contaminés, ou
à ceux dont l'importation peut être défendue. Il
appartient à l'autorité du pays de destination de
fixer le mode et l'endroit de la désinfection.

La désinfection devra être faite de manière à ne
détériorer les objets que le moins possible.

Il appartient à chaque État de régler la question
relative au paiement éventuel de dommages et
intérêts résultant d'une désinfection.

Les lettres et correspondances, imprimés, livres,
journaux, papiers d'affaires, etc. (non compris les
colis postaux) ne seront soumis à aucune restriction
ni désinfection.

TITRE V. — *Mesures à prendre aux frontières terrestres; service des chemins de fer.* — *Voyageurs.*

Les voitures affectées au transport des voyageurs,
de la poste et des bagages, ne peuvent être retenues
aux frontières.

S'il arrive qu'une de ces voitures soit souillée,

elle sera détachée du train pour être désinfectée, soit à la frontière, soit à la station d'arrêt la plus rapprochée, lorsque la chose sera possible.

Il en sera de même pour les wagons à marchandises.

Il ne sera plus établi de quarantaines terrestres. Seules, les personnes présentant des symptômes de peste peuvent être retenues.

Ce principe n'exclut pas le droit, pour chaque État, de fermer au besoin une partie de ses frontières.

Il importe que les voyageurs soient soumis, au point de vue de leur état de santé, à une surveillance de la part du personnel des chemins de fer.

L'intervention médicale se bornera à une visite des voyageurs et aux soins à donner aux malades.

S'il y a visite médicale, elle sera combinée autant que possible avec la visite douanière, de façon que les voyageurs soient retenus le moins longtemps possible.

Dès que les voyageurs venant d'un endroit contaminé seront arrivés à destination, il serait de la plus haute utilité de les soumettre à une surveillance de dix jours à compter de la date du départ.

Les mesures concernant le passage aux frontières du personnel des chemins de fer et de la poste sont du ressort des administrations intéressées. Elles seront combinées de façon à ne pas entraver le service régulier.

Les gouvernements se réservent le droit de prendre des mesures particulières à l'égard de certaines catégories de personnes, notamment envers:

A — Les bohémiens et les vagabonds;

B — Les émigrants et les personnes voyageant ou passant la frontière par troupes.

Titre VI — *Régime spécial des zones frontières*

Le règlement du trafic frontière et des questions inhérentes à ce trafic, ainsi que l'adoption de mesures exceptionnelles de surveillance, doivent être laissés à des arrangements spéciaux entre les États limitrophes.

Titre VII. — *Voies fluviales, fleuves, canaux et lacs*

On doit laisser aux gouvernements des États riverains le soin de régler, par des arrangements spéciaux, le régime sanitaire des voies fluviales.

Titre VIII. — *Partie maritime. — Mesures à prendre dans les ports*

Est considéré comme *infecté* le navire qui a la

peste à bord ou qui a présenté un ou plusieurs cas de peste depuis douze jours.

Est considéré comme *suspect* le navire à bord duquel il y a eu des cas de peste au moment du départ ou pendant la traversée, mais aucun nouveau depuis douze jours.

Est considéré comme *indemne*, bien que venant d'un port contaminé, le navire qui n'a eu ni décès ni cas de peste à bord, soit avant le départ, soit pendant la traversée, soit au moment de l'arrivée.

Les navires *infectés* sont soumis au régime suivant :

1° Les malades sont immédiatement débarqués et isolés ;

2° Les autres personnes doivent être également débarquées, si possible, et soumises à une observation ou à une surveillance dont la durée variera selon l'état sanitaire du navire et selon la date du dernier cas, sans pouvoir dépasser dix jours.

3° Le linge sale, les effets à usage, et les objets de l'équipage et des passagers, qui, de l'avis de l'autorité sanitaire du port, seront considérés comme contaminés, seront désinfectés ;

4° L'eau de la cale sera évacuée après désinfection et l'on substituera une bonne eau potable à celle qui est emmagasinée à bord ;

5° Toutes les parties du navire qui ont été habitées par les pesteux devront être désinfectées. Une désinfection plus étendue pourra être ordonnée par l'autorité sanitaire locale.

Les navires *suspects* sont soumis aux mesures ci-après :

1° Visite médicale ;

2° Désinfection : le linge sale, les effets à usage, et les objets de l'équipage et des passagers, qui, de l'avis de l'autorité sanitaire locale, seront considérés comme contaminés, seront désinfectés ;

3° Estimation de l'eau de la cale après désinfection et substitution d'une bonne eau potable à celle qui est emmagasinée à bord ;

4° Désinfection de toutes les parties du navire qui ont été habitées par les pesteux. Une désinfection plus étendue pourra être ordonnée par l'autorité sanitaire locale.

Il est recommandé de soumettre à une surveillance, au point de vue de leur état de santé, l'équipage et les passagers pendant dix jours à dater de l'arrivée du navire.

Il est également recommandé d'empêcher le débarquement de l'équipage, sauf pour raisons de service.

Les navires *indemnes* seront admis à la libre pratique immédiate, quelle que soit la nature de leur patente.

Le seul régime que peut prescrire à leur sujet l'autorité du port d'arrivée consiste dans les mesures applicables aux navires suspects (visite médicale, désinfection, évacuation de l'eau de cale et substitution d'une bonne eau potable à celle qui est emmagasinée à bord), sauf toutefois ce qui a trait à la désinfection du navire.

Il est recommandé de soumettre à une surveillance, au point de vue de leur état de santé, l'équipage et les passagers, pendant dix jours, à compter de la date où le navire est parti du port contaminé.

Il est également recommandé d'empêcher le débarquement de l'équipage, sauf pour raisons de service.

Il est entendu que l'autorité compétente du port d'arrivée pourra toujours réclamer un certificat du médecin du bord, ou, à son défaut, du capitaine, et sous serment, attestant qu'il n'y a pas eu de cas de peste sur le navire depuis le départ.

L'autorité compétente du port tiendra compte, pour l'application de ces mesures, de la présence d'un médecin et d'un appareil de désinfection (étuve) à bord des navires des trois catégories susmentionnées.

Des mesures spéciales peuvent être prescrites à l'égard des navires encombrés, notamment des navires d'émigrants ou de tout autre navire offrant de mauvaises conditions d'hygiène.

Les marchandises arrivant par mer ne peuvent être traitées autrement que les marchandises transportées par terre, au point de vue de la désinfection et des défenses d'importation de transit et de quarantaine.

Tout navire qui ne voudra pas se soumettre aux obligations imposées par l'autorité du port sera libre de reprendre la mer.

Il pourra être autorisé à débarquer ses marchandises après que les précautions nécessaires auront été prises, à savoir :

1° Isolement du navire, de l'équipage et des passagers ;

2° Évacuation de l'eau de la cale, après désinfection ;

3° Substitution d'une bonne eau potable à celle qui était emmagasinée à bord.

Il pourra également être autorisé à débarquer les passagers qui en feraient la demande à la condi-

tion que ceux-ci se soumettent aux mesures prescrites par l'autorité locale.

Chaque pays doit pourvoir au moins un des ports
du littoral de chacune de ses mers d'une organisation et d'un outillage suffisants pour recevoir un
navire, quel que soit son état sanitaire.

Les bateaux de cabotage feront l'objet d'un régime
spécial à établir d'un commun accord entre les
pays intéressés.

TITRE IX. — *Mesures à prendre à l'égard des navires
provenant d'un port contaminé et remontant le
Danube.*

En attendant que la ville de Soulina soit pour-
vue d'une bonne eau potable, les bateaux qui
remontent le fleuve devront être soumis à une
hygiène rigoureuse.

L'encombrement des passagers sera strictement
interdit.

Les bateaux entrant en Roumanie par le Danube
seront retenus jusqu'à la visite médicale et jusqu'à
parachèvement des opérations de désinfection.

Les bateaux se présentant à Soulina devront subir,
avant de pouvoir remonter le Danube, une ou plusieurs visites médicales faites de jour. Chaque matin,

à une heure indiquée, le médecin s'assurera de
l'état de santé de tout le personnel du bateau et ne
permettra l'entrée que s'il constate que cet état est
satisfaisant. Il délivrera, sans frais, au capitaine ou
au batelier, un passeport sanitaire ou patente, ou
certificat, dont la production sera exigée aux garages
ultérieurs.

Il y aura une visite chaque jour. La durée de
l'arrêt à Soulina des navires non infectés ne dépas-
sera pas six jours. La désinfection des linges contaminés sera effectuée dès l'arrivée. On substituera
une eau potable de bonne qualité à l'eau douteuse
qui pourrait être à bord.

L'eau de la cale sera désinfectée.

Les mesures qui viennent d'être indiquées ne
seront applicables qu'aux provenances des ports
contaminés de peste.

Il est bien entendu qu'un navire provenant d'un
port non contaminé pourra, s'il ne veut pas être
soumis aux mesures restrictives précédemment
indiquées, ne pas accepter les voyageurs venant
d'un port contaminé.

Le régime pour les bateaux suspects et infectés
sera le même que dans les autres ports d'Europe.

CHAPITRE III

INSTRUCTIONS RECOMMANDÉES POUR FAIRE
LES OPÉRATIONS DE DÉSINFECTION

1° Les hardes, vieux chiffons, pansements infectés, les papiers et autres objets sans valeur seront détruits par le feu ;

2° Les linges, objets de literie, vêtements, matelas, tapis, etc., contaminés ou suspects, seront désinfectés dans des étuves fonctionnant à la pression normale ou à la pression d'une atmosphère et demie à deux atmosphères, avec ou sans circulation de vapeur saturée. Pour être considérées comme instruments de désinfection efficaces, ces étuves doivent être soumises à des épreuves indiquant, à l'aide du thermomètre à signal, le moment où la température réelle obtenue au sein d'un matelas s'élève au moins à 100°.

Pour être certain de l'efficacité de l'opération, cette température doit être maintenue réelle pendant dix à quinze minutes ;

3° Solutions désinfectantes :

a) Solution de sublimé à 1 p. 1000, additionnée de 10 grammes de chlorure de sodium.

Cette solution sera colorée avec du bleu d'aniline

ou du bleu d'indigo. Elle ne sera pas mise dans des vases métalliques.

b) Solution d'acide phénique pur cristallisé à 5 0/0 ou d'acide phénique brut impur du commerce, à 5 0/0, dans une dissolution chaude de savon noir.

c) Le lait de chaux fraîchement préparé [1] ;

4° Recommandations spéciales à observer dans l'emploi des solutions désinfectantes.

On plongera dans la solution de sublimé les linges, vêtements, objets souillés par les déjections des malades. La solution d'acide phénique pur et la solution savonneuse phéniquée conviennent parfaitement pour le même usage. Les objets resteront dans la solution six heures au moins.

On lavera avec la solution de sublimé les objets qui ne peuvent supporter sans détérioration la température de l'étuve (100°), les objets en cuir, bois collé, feutre, velours, soie, etc. ; les pièces de monnaie pourront être désinfectées par la solution phéniquée savonneuse.

[1] Pour avoir du lait de chaux très actif, on prend de la chaux de bonne qualité, on la fait se déliter en l'arrosant petit à petit avec la moitié de son poids d'eau. Quand la délitescence est effectuée, on met la poudre dans un récipient soigneusement bouché et placé dans un endroit sec. Comme 1 kilogramme de chaux qui absorbe 500 grammes d'eau pour se déliter a acquis un volume de 2 l. 200, il suffit de la délayer dans le double de son volume d'eau, soit 4 l.,400 pour avoir un lait de chaux qui soit environ à 2° 0/0.

Les personnes qui donnent des soins aux malades se laveront les mains et le visage avec la solution sublimé ou une des solutions phéniquées.

Les solutions phéniquées serviront surtout pour désinfecter les objets qui ne supportent ni la température de 100°, ni le contact du sublimé, tels que les métaux, les instruments, etc.

Le lait de chaux est spécialement recommandé pour la désinfection des déjections et des vomissements. Les crachats et les matières purulentes doivent être détruits par le feu.

5° Désinfection des bateaux occupés par des malades atteints de peste. On videra la ou les cabines et toutes les parties du bâtiment occupées par des malades ou des suspects; on soumettra tous les objets aux prescriptions précédentes.

On désinfectera les parois à l'aide de la solution de sublimé additionné de 10 0/0 d'alcool. La pulvérisation se fera en commençant par la partie supérieure de la paroi suivant une ligne horizontale; on descendra successivement de telle sorte que toute la surface soit couverte d'une couche de fines gouttelettes.

Les planchers seront lavés avec la même solution.

Deux heures après, on frottera et on lavera les parois et le plancher à grande eau.

6° Désinfection de la cale d'un navire infecté.

Pour désinfecter la cale d'un navire on injectera d'abord, afin de neutraliser l'hydrogène sulfuré, une quantité suffisante de sulfate de fer, on videra l'eau de la cale, on la lavera à l'eau de mer; puis on injectera une certaine quantité de la solution de sublimé.

L'eau de la cale ne sera pas déversée dans un port.

CHAPITRE IV

MESURES DE PRÉSERVATION QU'IL EST RECOMMANDÉ DE PRENDRE A BORD DES NAVIRES AU MOMENT DU DÉPART, PENDANT LA TRAVERSÉE ET LORS DE L'ARRIVÉE.

NOTA. — La transmission de la peste paraît se faire par les excrétions des malades (crachats, déjections), les produits morbides (suppuration des bubons, des anthrax, etc.) et, par suite, par les linges, les vêtements et les mains souillés.

I. — *Mesures à prendre au point de départ*

1° Le capitaine veillera à ne pas laisser embarquer les personnes suspectes d'être atteintes de la peste.

Il refusera d'accepter à bord les linges, hardes, objets de literie et en général tous objets sales ou suspects.

Les objets de literie, vêtements, hardes, etc.., ayant appartenu à des malades atteints de peste ne seront pas admis à bord.

2° Avant l'embarquement, le navire sera mis dans un état de propreté parfaite ; au besoin il aura été désinfecté.

3° Il est indispensable que l'eau potable embarquée à bord soit prise à une source qui soit à l'abri de toute contamination possible.

L'eau n'expose à aucun danger si elle est distillée ou bouillie.

II. — *Mesures à prendre pendant la traversée*

1° Il est désirable que, dans chaque navire, un endroit spécial soit réservé pour isoler les personnes atteintes d'une affection contagieuse.

2° S'il n'en existe pas, la cabine ou tout autre endroit dans lequel une personne est atteinte de peste, sera interdit.

Seules, les personnes chargées de donner des soins aux malades, y pourront pénétrer.

Elles-mêmes seront isolées de tout contact avec les autres personnes.

3° Les objets de literie, les linges, les vêtements qui auront été en contact avec le malade seront immédiatement, et dans la chambre même du malade, plongés dans une solution désinfectante. Il en sera de même pour les vêtements des personnes qui leur auront donné des soins et qui auraient été souillés.

Ceux de ces objets qui n'ont pas de valeur seront brûlés ou jetés à la mer, si le navire n'est pas dans un port ou dans un canal. Les autres seront portés à l'étuve dans des sacs imperméables lavés avec une solution de sublimé de façon à éviter tout contact avec les objets environnants.

S'il n'y a pas d'étuve à bord, ces objets resteront plongés dans la solution désinfectante pendant six heures.

4° Les excrétions des malades (crachats, matières fécales, urine) seront reçues dans un vase dans lequel on aura préalablement versé un verre d'une solution désinfectante indiquée plus haut.

Ces excrétions seront immédiatement jetées dans les cabinets. Ceux-ci seront rigoureusement désinfectés après chaque projection.

5° Les locaux occupés par les malades seront

rigoureusement désinfectés suivant les règles indiquées plus haut.

6° Les cadavres, préalablement enveloppés d'un suaire imprégné de sublimé, seront jetés à la mer.

7° Toutes les opérations prophylactiques exécutées pendant la traversée seront inscrites sur le journal du bord, qui sera présenté à l'autorité sanitaire au moment de l'arrivée dans un port.

8° Ces prescriptions devront être appliquées à tout ce qui a été en contact avec les malades, quelles qu'aient été la gravité et l'issue de la maladie.

III. — *Mesures à prendre lors de l'arrivée*

1° Si le navire est infecté, les personnes atteintes seront débarquées et isolées dans un local spécial.

Seront considérés comme douteux les individus ayant été en contact avec les malades.

2° Tous les objets contaminés et les objets tels que les habits, les objets de literie, matelas, tapis et autres objets qui ont été en contact avec le malade, les vêtements de ceux qui lui ont donné des soins, les objets contenus dans la cabine du malade et dans les cabines, le pont ou les parties du pont sur lesquelles le malade aurait séjourné, seront désinfectés.

CHAPITRE V

SURVEILLANCE ET EXÉCUTION

*

Compétence du Conseil Supérieur de Constantinople (Mer Rouge, golfe Persique, frontières turco-persane et turco-russe).

1° La mise en pratique et la surveillance des mesures contre l'invasion de la peste arrêtées par la présente convention, sont confiées, dans l'étendue de la compétence du Conseil supérieur de santé de Constantinople, au Comité établi par l'article 1 de l'annexe IV de la Convention de Paris, du 3 avril 1894, avec cette disposition interprétative, que les membres de ce Comité seront pris exclusivement dans le sein du Conseil supérieur de santé de Constantinople et représenteront les puissances qui auront adhéré ou adhéreront aux Conventions sanitaires de Venise 1892, de Dresde 1893, de Paris 1894 et de Venise 1897.

2° Le corps de médecins diplômés et compétents, de désinfecteurs et de mécaniciens bien exercés et

de gardes sanitaires recrutés parmi les personnes
ayant fait le service militaire, comme officiers ou
sous-officiers, prévu à l'article 2 de l'annexe IV de
la même Convention, est chargé d'assurer le bon
fonctionnement des divers établissements sanitaires
énumérés et institués par les règlements actuels.

3° Les dépenses d'établissement des postes sanitaires définitifs et provisoires prévus par la présente Convention sont, quant à la construction des
bâtiments, à la charge du gouvernement ottoman.

Le Conseil supérieur de santé de Constantinople
est autorisé, si besoin est, et sur l'urgence, à faire
l'avance des sommes nécessaires sur le fonds de
réserve, qui lui seront fournies, sur sa demande,
par la « Commission mixte chargée de la revision
du tarif sanitaire. » Il devra, dans ce cas, veiller à
la construction de ces établissements.

4° Le Conseil supérieur de santé de Constantinople
devra, en outre, organiser sans délai les établissements sanitaires de Hannikim et de Kizil Dizé, près
de Bayazid, sur les frontières turco-persane et turco-
russe, au moyen des fonds qui sont dès maintenant
mis à sa disposition.

5° Les articles 4, 5 et 6 de l'annexe IV de la
Convention de Paris de 1894, sont applicables aux
dispositions du présent règlement.

Compétence du Conseil sanitaire, maritime et qua-
rantenaire d'Égypte.

6° Les dépenses résultant des mesures prévues par les règlements contenus dans la Convention pourront être couvertes par les moyens suivants, que la Conférence a recommandés autant pour les nouvelles installations aux Sources de Moïse que pour l'augmentation du personnel du Conseil sanitaire.

a) Prorogation, avec l'assentiment des Puissances, du décret khédivial du 18 décembre 1896 (fixant au 1ᵉʳ juillet 1897 l'entrée en vigueur du tarif réduit des droits de phare) jusqu'au moment où la différence entre le rendement du tarif actuel et du tarif réduit aura atteint le chiffre de L. eg. 4.000. La somme ainsi réalisée sera affectée aux dépenses extraordinaires (nouvelles installations aux sources de Moïse).

b) Pour les dépenses ordinaires (augmentation du personnel), versement annuel au Conseil sanitaire, par le gouvernement égyptien, d'une somme de L. eg. 4.000, qui pourrait être prélevée sur l'excédent du service des phares, resté à la disposition de ce

gouvernement. Toutefois, il sera déduit de cette
somme le produit d'une taxe quarantenaire supplé-
mentaire de P. T. 10 (piastres tarif par pèlerin, à
prélever à El-Tar). Au cas où le gouvernement
égyptien verrait des difficultés à supporter cette
part dans les dépenses, les Puissances représentées
au Conseil sanitaire s'entendraient avec le gouvernement khédivial pour assurer la participation de
ce dernier aux dépenses prévues.

Certifié conforme à l'original

Le Président de la conférence,

BONNIN.

Les secrétaires :
E. MAYOR.
A. DE FROON-KIRCHRATH.
Albert LEGRAND.
H. DE SAUSSAY.
O. PASSERA.
V. MACCHI DI CELLERE

SÉNAT

(Session de 1897)

Annexe au procès-verbal de la séance du 11 mars 1897

PROJET DE LOI

ADOPTÉ PAR LA CHAMBRE DES DÉPUTÉS

Ayant pour but de compléter la loi du 3 mars 1822 sur la police sanitaire,

Présenté, au nom de M. Félix Faure, président de la République française, par M. Louis Barthou, ministre de l'Intérieur et par M. Darlan, garde des Sceaux, ministre de la Justice et des Cultes.

EXPOSÉ DES MOTIFS

MESSIEURS,

La Chambre des Députés a adopté, dans sa séance du 20 février dernier, un projet de loi ayant pour but de compléter la loi sanitaire du 3 mars 1822 sur la police sanitaire.

Le Gouvernement n'a rien à ajouter à l'exposé des motifs qui accompagnait ce projet et qui a été distribué au Sénat en même temps que la Chambre en était saisie.

La Chambre a complété l'article premier de ce projet par un paragraphe ainsi conçu :

« Tout homme d'équipage ou passager d'un bâtiment français ou étranger qui, dans la déclaration ou l'interrogatoire qu'il est tenu ou peut être tenu de faire ou de subir, en conformité de l'article 53 du règlement précité du 4 janvier 1896, aura sciemment altéré ou dissimulé la vérité ou aura refusé de se soumettre aux prescriptions dudit article, sera dans tous les cas et quelles qu'aient pu être les conséquences de ses déclarations, puni d'un emprisonnement de un à cinq ans et d'une amende de cent à trois mille francs. »

Cette addition a pour but d'étendre aux hommes de l'équipage ou aux passagers d'un navire les pénalités édictées contre le capitaine, les officiers ou le médecin de ce navire qui auraient fait à l'autorité sanitaire des déclarations inexactes. Cette disposition additionnelle répond à la pensée qui a inspiré le projet de loi et ne peut motiver aucune objection de la part du gouvernement.

En conséquence, nous avons l'honneur de soumettre à vos délibérations le projet de loi suivant :

Le Président de la République française,

Décrète :

Le projet de loi dont la teneur suit sera présenté au Sénat par le ministre de l'Intérieur et par le garde des Sceaux, ministre de la Justice et des Cultes, qui sont chargés d'en exposer les motifs et d'en soutenir la discussion.

PROJET DE LOI

ARTICLE PREMIER

L'article 10 de la loi du 3 mars 1822 est complété ainsi qu'il suit :

« Tout capitaine, officier ou chef quelconque d'un bâtiment français ou étranger, tout médecin attaché à un bâtiment français ou étranger, qui aura sciemment altéré ou dissimulé la vérité, dans la déclaration qu'il est tenu de faire ou l'interrogatoire qu'il est tenu de subir en vertu des articles 52 et 24 du règlement sanitaire du 4 janvier 1896, ou qui aura refusé de se soumettre aux prescriptions des articles précités dudit règlement, même s'il n'est pas établi qu'il ait ainsi exposé la santé publique ou empêché de prendre les précautions nécessaires, sera puni d'un emprisonnement de un an à cinq ans et d'une amende de cent à trois mille francs.

« Tout homme d'équipage ou passager d'un bâtiment français ou étranger qui, dans la déclaration ou l'interrogatoire qu'il est tenu ou peut être tenu de faire ou de subir en conformité de l'article 53 du règlement précité du 4 janvier 1896, aura sciemment altéré ou dissimulé la vérité ou aura refusé de se soumettre aux prescriptions dudit article, sera, dans tous les cas et quelles qu'aient pu être les conséquences de ses déclarations, puni d'un emprisonnement de un an à cinq ans et d'une amende de cent à trois mille francs. »

Article 2

Il est ajouté à la loi du 3 mars 1822 les articles 21 et 22 ainsi conçus :

« Art. 21. — L'article 463 du Code pénal est applicable dans tous les cas prévus par la loi du 3 mars 1822.

« Art. 22. — La loi du 3 mars 1822 est applicable dans toutes les colonies françaises. »

Fait à Paris, le 11 mars 1897.

Le Président de la République française,
Signé : FÉLIX FAURE.

Par le Président de la République,
Le Ministre de l'Intérieur :
Signé : Louis BARTHOU.

Le Garde des Sceaux,
Ministre de la Justice et des Cultes,
Signé : J. DARLAN.

ANNEXE

LOI du 3 mars 1822 sur la police sanitaire

ARTICLE 10

Tout agent du Gouvernement au dehors, tout fonctionnaire, tout capitaine, officier ou chef quelconque d'un bâtiment de l'État ou de tout autre navire ou embarcation, tout médecin, chirurgien, officier de santé, attaché soit au service sanitaire, soit à un bâtiment de l'État ou du commerce, qui, officiellement, dans une dépêche, un certificat, un rapport, une déclaration ou une déposition, aurait sciemment altéré ou dissimulé les faits de manière à exposer la santé publique, sera puni de mort s'il s'en est suivi une invasion pestilentielle.

Il sera puni des travaux forcés à temps et d'une amende de mille francs à vingt mille francs lors même que son faux exposé n'aurait point occasionné d'invasion pestilentielle, s'il était de nature à pouvoir y donner lieu en empêchant les précautions nécessaires.

Les mêmes individus seront punis de la dégradation civique et d'une amende de cinq cents francs à dix mille francs s'ils ont exposé la santé publique en négligeant, sans excuse légitime, d'informer qui de droit de faits à leur connaissance de nature à produire ce danger, ou si, sans s'être rendus complices de l'un des crimes prévus par les articles 7, 8 et 9, ils ont, sciemment et par leur faute, laissé enfreindre ou enfreint eux-mêmes les dispositions réglementaires qui eussent pu le prévenir.

TABLE DES CHAPITRES

I

II

III

IV

V

VI

ANNEXES

TABLE DES NOMS CITÉS

BIBLIOGRAPHIE

Archives de la guerre.

CAPEFIGUE : *Louis XIV*.

Augustin FABRE : *Histoire de Provence*.
— *Histoire de Marseille*.

LACRETELLE : *Histoire de France*.

LÉMONTEY : *Histoire de France*.

MARY LAFFON : *Histoire du midi de la France*.

MARMONTEL : *Œuvres posthumes*.

H. MARTIN : *Histoire de France*.

Mathieu MARAIS : *Journal de...*

Mémoires de Villars.

Mémoires de Berwick.

NOAILLES (de) : *Histoire de Mme de Maintenon*.

PAPON : *Histoire de Provence*.
— *La Peste*.

PICHATTY DE CROISSAINTE : *Mémorial de la Chambre du Conseil de l'hôtel de ville tenu par...*

SAINT-PHILIPPE : *Histoire d'Espagne*.

VOLTAIRE : *Le siècle de Louis XIV*.

WEISS : *Histoire des Réfugiés français*.

TOURS, IMPRIMERIE DESLIS FRÈRES